子どもってワケわからん!

岡崎勝

批評社

はじめに

子どもにとって個性とは「はみだすこと」であり、「その個性に付き合うのは面倒で難しい」ことです。それでも「ワケわからん子どもたち」はみんな愉快な仲間なのです。子どもは面倒でやっかいだけどおもしろい！　というのが、子どもと付き合ってきた私の率直な想いです。そんな想いで、本書をみなさんにお送りします。

「子どもが大人の思い通りにならない」のは普通であり、万が一大人の思い通りになっているとしたら、安心などせずに、おかしいな？　と、油断しないで欲しいのです。どんなワケの分からない「変な子ども」も実に、「子どもらしい」のです。

自分の子どもが元気ならまず安心です。でも、元気すぎると困ることもあるわけです。元気すぎて授業中走り回るとか、教科書を破いて食べるとか、刻んだケシゴムを、プラスチック定規ではじいてどれだけ遠くに飛ばせるか遊んでいるとか、怒って隣の子のペンケースを放り投げるとか、カッターナイフで「ほら、ほら」と言って隣に座っている子を脅かすとか、給食の野菜や肉が嫌いでいつまでも箸でつついているとか…

適度に元気だとうれしいのですが、それは本当に難しいことです。常識だとか世間の目が…というのは子どもには通用しません。そもそも「常識」「世間の目」自体がよく分からない時代に突入しています。

「親の気持ち」「先生の熱意」もなかなか伝わりません。結局、根気よく付き合うしかないのです。それに、私たち大人がちょっとだけ見方を変えたり、視線を動かしてみたりするととても深い問題や課題を提起してくれます。


私は40年以上子どもと「格闘」し、親たちや同僚の相談にのり、侃々諤々と論議や喧嘩をしながら仕事をしてきました。親自身が子離れできず、可愛がり方がよく分かっていないこともありました。もちろん、私も自分の浅はかさを反省し、悔し涙を流したこともあります、本当に！

子どもは家族、そして学校で育ちます。そして、社会という時代の中で大きく影響を受けます。昔の昭和をノスタルジックに語り「昔の子どもは可愛かった…」などとつぶやいてはいけません。昔の子どもも十分にとんでもなかったのです。かなりやっかいで、したたかでした。

平成時代の後半になるとインターネットやスマホの常時接続が普通になり、今度は「つながり不安」「孤立への恐怖」「過剰な承認欲求」などの問題が起き、子どもたちの状況は一変しました。いじめや不登校は減ることがなく、教員の仕事と心の病は競うようにどんどん増え、親たちの心配事も増え続けています。困ると他者を攻撃するという大人が目立ちます。

でも、私は、それでも「子どもはおもしろい」と思っています。そして、子どもはいつも大人の立っている場所を「本当にそれでいいの？」と問い直させてくれます。子どもたちを彼らの生きている場所ごと、風景ごと観て欲しいと思うのです。子育てや教育に正解や決定版マニュアルにはなく、子育てや教育の基盤そのものをいつも問い返しながら子どもと付き合うしかないのです。

子育てや教育に王道はありません。いや、もともと「子育てや教育はモデルになるようなものはない」というくらいの方がいいのかもしれません。

「教育や子育ては子どもと大人の関係そのもの」であり、「子どもの問題は大人の課題」なのです。

さて、本書は２０１３年から隔週で中日新聞（東京新聞）に掲載されたコラム「子どもってワケわからん！」をまとめ、若干の加筆修正をしたものです。私は、親や教師、いろんな方々から子育てについて相談を受け「ない知恵をしぼり」アドバイスをしているのですが、それをもとに連載を続けています。本書では、ある程度、項目を分類してまとめていますが、重複しているものもいくつかあります。つたなく短いコラムですが、新聞ということで、読んで意見をくださる方もいらっしゃいます。まとめて読みたいと言ってくださる方も多いのです。

少しでも子どもに向き合う大人の肩の力が抜け、子どもと関わることで大人自身が元気になれたらいいなと思います。そして、子どもは大人の映し鏡であるということを是非とも知っていただきたいと思うのです。子育て・教育は「折に触れ」なのです。

子どもってワケわからん！＊目次

第一章　子どもはいろいろいるからおもしろい

1　わがままな子

子どもはそもそもわがままなものです。でも、親としてはそのわがままとどう付き合うかは悩ましい問題です。早く家に帰って夕食の支度をしなければならないのに、公園で遊んでいてちっとも帰ろうとしない娘に手を焼くことはよくあります。でも、強引に引っぱって帰れば、大泣きしてあとが大変になります。

たまには大泣きさせても、いつもそんなことはできません。そういうときに、子どものわがままをまず認めるところからはじめてみてはどうでしょう。

わがままに対し、「条件付き譲歩」をするのです。帰ろうとしない子どもに対し「じゃああと5分だけね」とある程度譲歩し、「あと1分よ」と帰る方向へ感情的な準備をしてもらうのです。

あるいは、「わがまま」それ自体を克服するというよりも、「家でおやつでもつくろうか」あるいは、「家で本でも読んであげようか」と、より楽しいもの、あるいは興味を持つことを提起する方法もあります。

頭ごなしに「わがままはダメでしょ」ではなく、「わがまま」を前提に「交渉」するのです。子どものワケわからん態度も、ただ否定するだけでなく、うまく受け入れながら育てていく試みを私は提案したいと思っています。

2 言葉が荒っぽくなっていく子

「ママー遊ぼうよ」とかわいかった子どもたちが、「ばぁーか」「うざっ」「死ね」「消えろ」など荒っぽくてハードな言い方に変わるとき、親はぼうぜんとなります。しかし、これも成長している子どもの証なのです。子どもたちは、いろいろな言葉を試行錯誤しながら、身につけていくものです。

幼稚園や保育園では、年長のお兄さんやお姉さんたちが荒っぽい言葉を使って小さな子をたばねて遊ぶこともあります。小学校に上がれば、もっと過激な言葉を使って、仲間とやりとりしたり、自分の気持ちを表現したりするようになります。

自分が発した言葉や言い方に大人たちがいやがる表情を見せたとき、きっと「これは使える！」と子どもたちは思っているでしょう。そしてちょっとお兄さんやお姉さんたちの世界に参加できた気分になるものです。「うんち」「おしり」など人前で言うのをはばかれるような言葉も、こどもたちにとって宝です。親が感情的にしかればしかるほど、どんどん広がり、日常化します。

対策は、その場で感情的にならず、単純にダメ出しすればいいのです。「死ね」などと誤解を与えそうな言葉には、表情を変えずに「止めなさい」と言います。ただし、こういうことは5秒以内に。

一人前になるためには、仲間どうしで話すときと、大人の前やあらたまった場で話すときに言葉を選べるようにならなくてはなりません。でもそれは時間のかかることです。それに丁寧で上品な言葉が、いつも「あたたかく内容豊かな言葉」だとは限りません。言葉は人間関係や心のありようで伝わり方が違ってきます。

「なにをぎゃーぎゃー泣いてるの！　いいかげんにしなさい！」と力いっぱい叫んでいたとしても、元気すぎる子どもとたたかっているお母さんの苦労やがんばりが、とてもよく伝わってくるとは思いませんか。

3　自分の言いたいことが言えない子

5歳になるモエちゃんはとてもおとなしい感じの子です。お母さんもやさしそうです。ところが、お母さんは「モエは、自分の考えとか、気持ちとかをうまく表せないみたいで、何が欲しい？　と聞いてもはっきりしないことが多くて、イライラしてしまうのです」とつらそうに話します。「返事をするときも、私の顔色を見て決めているようですし、『これでいいの？　ママ』って聞くこともあるんですよ」と。

こういう子は少なくありません。「それは、お母さんが子どもを支配しているからですよ」などと、相談した保育士さんに言われ、モエさんのお母さんの心は、ますますへこみます。

でもそれは違うような気がします。そもそも、お母さんの顔色をみたりするのは、まだ幼いモエちゃんが安全主義であり、安心したいがためにする行為であり、「支配されてるからだ」とは思えません。

私たちだって、経験のないことや、予測のつかないことに直面し、なんらかの判断をしなくてはならないときには「大丈夫かな？」と心配になります。

それに、新しいことに判断を求められたとき、慎重になりすぎるという気質がモエちゃんにもあるかもしれません。

そんなときは「ゆっくりと、考えればいいのよ」とか、「ママは、こんな風に思うけれどね」とさりげなく意見を言えばいいのです。

結果として、選択を失敗することもあるし、自分自信でも分からない「不安」で困ることもあるでしょう。慎重にしようと思うがゆえに、周りから批難されてしまうかもしれません。

子どもには、試行錯誤や失敗を含んだ小さなステップを積み重ねることが大切なのです。親だけでなく、保育士や教師も、子どもの失敗や迷いを受け入れ、一緒に耐える力が必要なのではないかと思います。大きな安心のない所では、冒険もできません。

低く見えるハードルも、本人の立場に立つと、意外と高いものなのです。

4 「落ち着きがない」といわれる子

「うちの子落ち着きがないみたいです。保育園の先生からもよく注意されるんだよね、でもどうしたらいいかわからなくて」と昌樹ちゃんのお父さんは苦笑いしながら言います。先生が話していても歩き回ったり、興味のあることがあると、一直線に走り出したりするのです。昌樹ちゃん、来年は小学1年生です。

落ち着きがないというのはエネルギーがあるということでもあります。好奇心も人一倍強いのです。

実は、落ち着きがないということは決して悪いことではありません。こうしたエネルギーは子どもの成長のためには絶対に必要です。

ただ、集団の中に入るとエネルギーを調整しながらうまく発揮できなくて、困ったことが起きることもあります。

保育園の先生もたぶんエネルギーの空回りを心配しているのです。自分の気持ちや欲求を抑えるのでなく、コントロールすることが大事なのですが、それは子どもだけでなく大人だって簡単ではありません。

エネルギーをコントロールする力を育てようとするのが、保育園・幼稚園や学校なのです。

家庭ではどうしても、親と一対一となり、世話をやくことが多く、王子様やお姫様扱いになりがちです。

でも、集団生活では、順番を守ったり、意見や考え、思いなどを周りに伝えたりする方法を身につけなくてはなりません。

ときには、我慢して相手の話を聞くことも大事なことなのだと分かるようにならなくてはなりません。

ただ、子どもたちひとり一人はみんな性格も資質も成長の度合いも違います。だからこそ、個性と折り合いをつけながら集団の中での生活力を身につけることが大事になってきます。

うまくいかない子に手を貸すことによって、まわりの子どもたちも成長します。

子どもの育ち方にはでこぼこがあります。だからこそ、「うまくいかないこと」はみんなにとっても良いチャンスなのです。経験はすべて学習です。

5 「言いたがり」な子

6歳になる良介君は、保育園で先生によく叱られます。それは一言で言うと「できすぎる」からです。

動物や電車のことは詳しいし、計算も早いのです。もちろん本もすらすらと読めてしまいます。

先生が「わかる人?」と聞くと、みんなが手をあげる前にすぐに大きな声で答えを言ってしまいます。それで「どうして待てないの？」「手をあげて、ルールを守りなさい」と叱られます。

長年、教員をしていますが、小学校でもこういう「できすぎさん」はいます。知識が豊富で一度聞いたら忘れないのです。

良介君は、自分の知っていることはどんどん発表したい。別に友だちをばかにしているのではないのです。たまにエスカレートして、聞いていないことまで、超高速でいろいろなことを話しはじめます。

でも、頭ごなしで叱ってもあまり効果がありません。私は授業をするとき、良介君のような子を最初に指名していました。そして、しっかりとほめ、「次は友だちが答えるまで待っていてね」と念を押します。

もちろん幼い子だけでなく、小学生でも一度や二度でうまくいくわけではありません。しかし、まずは「言いたい」という欲求を一度満たしてからルールを再確認することで、本人のいらいら度は和らぎ、ルールを意識できるのです。

途中で関係のない話を始めたら「すごいねえ、良介君よく知っているねえ。でも今はちょっと別のことを話しているから、後でじっくりみんなの前で話してくれるかい。待っててね」と後でちゃんと聞くよと、彼の気持ちを承認し、話す場を保証してから、授業や作業をすすめていました。

「勝手」に見えることでも、それを意欲や、やる気と置き換えるような工夫がないと、子どもたちは「認めてもらえないんだ」という無力感で落ち込んでいきます。

6　泣きわめく子

3歳になったばかりのあかりちゃんは、とてもよく泣きます。お母さんは「この子は泣き出すと、なかなか止まらないのです」とちょっとお疲れ気味です

先日も、夕飯をみんなで食べているときに、お母さんが「これも食べてみなさいね」とお芋の煮付けをあかりちゃんのお皿に入れたとたんに「ちがうもん」といって大泣きがはじまりました。

お母さんは「私が、あかりにお芋をこのお皿に入れていいかな？　って、ちゃんと聞かなかったからでしょうか」と反省しきりです。

でも、日頃の生活の様子を聞いていると、どうも、みんなにもよく分からない何かにスイッチが入ると、突然怒り泣きがはじまるようです。

小さなことで、怒り泣きするので、お母さんだけでなく、家族がみんなぴりぴりしているのです。でも怒ったり、泣いたりするというのは「感情の表現」ですから、そもそもいけないことではないのです。

でも、それが周りや自分自身にどんな影響を及ぼすかを考えて表現しているわけではありません。まだ幼く、自分の感情がコントロールできないのです。これは繰り返し生活の中で学習して身に

つけるものです。いろいろな経験をしながらコントロールする力を養うしかありません。

興奮しているのに、大人が言葉や理屈で説得したり、子どもを言い負かしたりしても、泣き止ませるのは難しいです。

そんなときは、理屈を抜きで抱っこし「大丈夫だよ」などと声をかけながら落ち着かせることがまず必要です。我慢強さは、育つ過程でどれだけ満足や充足感を味わったかにかかわっています。

気質として、気が短いとかキレやすいということがあったとしても、自分が受け入れられて、優しくしてもらった経験や、認められているという実感が繰り返し積み重ねられることで、感情のコントロールはできるようになっていくのだと思うのです。

7　熱中しやすい子

3歳の愛輝くんは自動車が大好きです。家の前の道を通る自動車を長時間じっと見ていたり、ミニチュアカー遊びに没頭したりします。

ミニチュアの自動車をたくさん並べて、自分で決めた順序が少しでも違うと怒り出すこともあります。

お母さんが「ご飯だよ」と言っても、なかなか動きません。毎日ではないのですが、ときどきそんなことがあると、このままで大丈夫かと不安になるのです。

小児科医や児童精神科医に相談しようかとも思っています。このまま大きくなったら、自分に関心のないことは何もしなくなるのではないかとか、集団で動くときに、みんなと一緒にできなくて迷惑をかけるのではないかと心配になります。

総じて、男の子は、電車や自動車など、機械的な動きをするモノに強い興味や関心を示します。どんな理由があるのかわかりませんが、たくさんの男の子たちを見てきた私の経験ではそう感じます。実は、私も小さい頃、オルゴールや時計を解体してしかられました。

しかし、これは「育て方」とか「遺伝」というものではないようですし、まして強迫神経症のような病気でもありません。

興味や関心という強いエネルギーが自動車に注がれていると言っていいのです。夢中になってしまうエネルギーは、大きくなると自分でだんだんコントロールできるようになります。

夢中になることは決して悪いことではありません。しかし幼い頃は、夢中になっていることを強引に中断させると、精神的に不安定な気持ちになり、泣きわめいたりすることがあります。

こうしたこだわりは自分の世界に一つの秩序を作り出していくということで、成長の一段階なのです。

それを乱されるので苛立ったり怒りがこみ上げたりするのです。大人の基準から言うと「極端」に見えることでも、子どもにしてみれば、「安心の範囲」なのです。しばらくは、状況がゆるすかぎり、そっと見守るのが一番です。

8　「ほめられたがり」の子

「うちの子は周りの評価っていうか、ほめてもらえるかどうかっていうことをすごく気にするんです」と5歳の昭博ちゃんのお母さんは言います。

友だちと一緒にゲームで遊んでいても、勝ち負けにこだわり、勝ったときなどは自慢げな顔で、みんなにほめてもらえるまで「勝ったよね、勝ったよね」と言い続けます。でも自分が負けたときにはふてくされ、母親や妹に当たり散らすことも少なくないようです。いつも自分がほめてもらい、注目をあびていないと気持ちが治まらないのです。

子どもは自分を「すごいね」などと高く評価されれば自信を持ちますし、次へのチャレンジへの勢いもつきます。ほめられることでやる気も出て、自分自身が認められている満足感や、充実感も得られます。ほめて育てるというのは、とてもよいことです。

しかし、落とし穴もあります。それは、ほめてもらえないならやっても意味がないとか、無駄だとか、損だと思うようになってしまうことです。あるいは、なんらかの報酬がないと課題に取り組まないという、いわゆる「ニンジン」を目の前にぶら下げないと、動かないようになってしまうことです。

もっと困るのは成果が出ない、失敗が予想されるようなときには、最初から取り組みを拒否するようになってしまうことです。「どうせやってもうまくいかないから、褒めてもらえない。それならやめた」というチャレンジ精神を失った、やる気のない姿勢ができてしまうこともあるのです。

ですから、たとえ負けても成果が出なくても、みんなより優れていなくても、「がんばった」「最後まで取り組んだ」「友達と協力した」「やる気を出した」ということが素晴らしいのだと、結果でなくしっかりと取り組んだことを褒めてあげることも大切です。

そのためには、まわりの大人の価値観や社会全体が大切にしているものは何かを問い直さなければなりませんが。

9　仕切りたがりの子

1年生になったばかりの実咲ちゃんは、保育園から帰ってくると、ぷんぷん怒っています。「どうしたの？」と聞くと、「ちゃんと言うことを聞かない子がいっぱいいるぅ」と言います。

4月の中頃に、先生は「なかなかしっかりとしたお子さんです。みんなのリーダーとしても頑張っていますよ」とおっしゃってくださいました。

ところが最近は友達とトラブルが絶えないようです。それはどうも「仕切りたがり」の実咲ちゃんが、みんなにけむたがられているようなのです。

どこの保育園でも、みんなに声をかけながら遊びをリードする元気な子がいます。その子のそばで一緒に遊ぶととても楽しくて、みんなをわくわくどきどきさせてくれることを知っているからです。

でも、一方では「命令」のような強い言い方で、友だちの気持ちを無視してしまうこともあるのです。

それが度重なると、友だちとのけんかも多くなり、ときにはみんなに嫌われてしまって孤立してしまうことさえあります。

親が「そんなキツイ言い方をしちゃだめ」とか「そんなに出しゃばったらだめじゃないの」と注意してもいうことを聞きません。

こういう時には、親のアドバイスだけでなく、遊び仲間や友だちみんなの「教育力」に期待していいと思います。

つまりけんかになったり、ひとりぼっちになったりしたときに、「どうしてけんかになっちゃったんだろう?」とはじめて「リアルな反省」ができます。

みんなのことを一生懸命考えてあげたことはとてもいいことだけど、友だちの気持ちを大事にしたら、友だちはもっとうれしいのですよ、と繰り返し話してあげたいですね。

その手本として、日常的に、親も頭ごなしでなく、子どもの気持ちをしっかりと聞いてあげることが大事なのです。

10　ＫＹと言われてしまう子

「ＫＹってどうしたら治るのですか？」と6年生男子を持つお母さんに質問されました。

ＫＹというのは「周りの空気が読めない」という「ローマ字略語」です。「周りの空気」つまり、その場の雰囲気や、周囲の人たちの気持が分からないまま、自分中心の発言をしたり、行動したりすることを言います。

最近、ＫＹがいじめのきっかけになるということで、子どもたちは自分がＫＹかどうかにとても敏感で、怖がっています。ＫＹにならないようにしようとするために「みんな一緒で同じでなければならない」とか「自分の気持ちを素直に出してはいけない」という精神的な圧力（同調圧力）にもなってしまっています。

しかし、実はＫＹというのは成長の過程で多かれ少なかれ、だれにでもあることです。子どものころ、大人たちが大事な話をしているときに、「お母さん、おやつどこ？」などと口を挟み、おおいに叱られたことがあるでしょう。

しかし、何度も叱られることで「今は口を挟んではいけない」とか「いまこの話題はひかえておこう」ということを体験します。

繰り返し、親や大人から注意され、「その場の状況を分かった上で行動すること」が大事なのだと学んでいきます。親としては、やはり、そのつど根気よく注意し、言葉をかけて、その理由や事情を丁寧に教えていかなければなりません。

しかしながら、一方で「KYを怖がらず、言うべき時には、きちんと言う」ことも大事です。「少数だから、異論を述べたり、反論したりするのを我慢する」ような、空気を過剰に読んでしまうこともよくないように思います。

家庭や教室で無難に同調するだけでなく、たとえKYと言われようと、まわりのムードや空気に流されずに、自己表現・自己主張することの方が大事な場合もあるのです。

11　人前で話すのがにがてな子

「人前で恥ずかしいのか、すぐに隠れてしまうんです」と1年生の力弥くんのお母さんが困っていました。

授業参観に行ったときに、先生に指名されると、最初はもじもじしていたのですが、やがて机の下に潜り込んでしまったようです。

低学年の子どもたちの中には、指名されて応答できないと、座り込んでしまったり、力弥さんのように机の下に入ってしまったりする子がいます。

子どもたちの気持ちも複雑です。簡単に原因は決めつけられません。

もちろん、恥ずかしいという気持ちがまずあります。しかし、答えが間違っていたらみんなの前で恥をかくという単純なことのほかにも、低学年の場合は、「みんなに見つめられている」ということに慣れていないのです。

実は、周りのみんなはそんなに気にしていないのですが、本人はじっと見られていることで、どうふるまったらいいのかが分からないということです。

「ちゃんとしなさい」とか「黙っていては分からないでしょ」と言いたくなるかもしれませんが、そこをぐっと我慢して、発言するのを待つことです。ただ、いつまでも待っている必要はないのです。適当なところで、「じゃあ、もうちょっとたってから話してね」と切り上げることも必要です。

多くの人の前で話すということは、慣れている人にとっては簡単なことでも、苦手な人にとっては本当に辛いものです。いくら、原稿や話す中身が分かっていても苦労します。

子どもならなおさらです。自分の声で周りに思いや気持ちを伝えることを学んでいるのです。多弁でも中身のない話より、うんと重要で意味のあることを表現しようとしているかもしれません。沈黙は雄弁の前に必要なものなのです。

12　乱暴な子

３年生の孝史君は、とても乱暴で、クラスの友だちにも暴力をふるってしまいます。担任の先生もいろいろと指導してくれていますが、友だちに大きな怪我をさせるほどではありませんが、なんども手をあげて乱暴してしまいます。

このまま成長したら、親や友だちに取り返しのつかない暴力をふるうかもしれないと心配でたまりません。どうしたらいいだろうか相談されました。

子どもが暴力をふるうのは、さまざまな理由があり、それも一つだけではないかもしれません。孝史君くらいの年齢で多いのは、自分の訴えたいことや、知って欲しい気持ちをうまく表現できないとき、その状態に我慢できないのです。そして、感情が抑えきれず、乱暴してしまうということがあります。

乱暴をしたら、もっと事態はややこしく、周囲にも迷惑をかけ、自分の立場も悪くなるのですが、それを冷静に考えるための耐性がまだ育っていないのです。

耐性は子どもが少しずつ身につける力ですが、親としては「暴力はいけない」とシンプルに叱責しながら、一方で「何を怒っているのか」「どう受け止めて欲しいのか」「何が言いたいのか」も同時に理解する必要があります。

力には力でと、しつけと称して「体罰」をしても、その場はうまくいくかもしれませんが、険悪な関係はどんどんひどくなります。他の弱者に暴力が向かったり、自傷行為になったりする可能性もあります。

周囲がいたずらにその子の暴力を責め立てたり、おもしろがってはやし立てたりすれば最悪の事態も招きます。

カッとしているときは、親も子も、まず落ち着かないと話はできません。「やられたらやりかえせ」という親もいますが、子どものつらさを理解しようとする励ましにはなりません。

13　他の子とすぐに比べてしまう

「私ってなんでもよその子と比べてしまうんです」と小学校2年生の真也君のお母さんは、反省するように言います。

小さいころから歯の生え方、身長や体重、最近は成績、ときには、可愛いとか可愛くないなどということまで、よその子と比べてしまい、どうしても自分の子をネガティブに見てしまうことが多いといいます。確かに、よその子と比べて、安心したり、不安になったりする親は多いと思います。

「この子は、この子でいいんだ」とお母さんは、自分に言い聞かせるようにしているそうです。でも、頑張ってそう思い込むだけでは、なんだか心が晴れませんね。

子育て講座などに参加すると、「よいところをみつけて褒め、自信をつけさせましょう」と言われます。「でも、自分の子の良いところって言われても、なかなか見つからないんです」とちょっとあきらめ顔で話してくれるお母さんが意外と多いのです。

よその子と比べることが全部いけないわけではありません。でも実を言うと、うらやましく思えるような「よその子」にも、足らないもの、改善した方がいいことはたくさんあるのです。それが見方を変えると「その子らしさ」になっていることだってあります。

また「勉強のできる子」をうらやましいと思うでしょうが、実は「勉強しかできない子」だと、ちょっとしたつまずきや生活体験の不足で、これから厳しい人生に直面するかもしれません。

一人一人の子どもは、いや人間は誰しも、いつだって「克服すべき課題」を持っていると思うのです。

ですから、我が子の足らないところは、誰かに助けてもらったり、励ましてもらったりすればいいのです。そして、我が子も他の人の役に立つことがこれから、きっとみつかるはずです。

我が子を一生懸命ほめちぎるのも「疲れる」ものです。

14　お弁当の輪に入れない子が心配

真由さんのお母さんは今度の社会見学がとても心配です。「今、４年生なんですけど、うちの娘は、おとなしくて、お弁当を一緒に食べる相手がいるかどうか心配なんです。一人でぽつんと食べていたらかわいそうで」と言います。

小学校の低学年では、こうした行事のお弁当は、担任が色々と考え、一人で食べることのないように、事前に気配りしています。

友だちで見学グループを作り、お弁当も一緒に食べるように計画したり、気さくな子に、一人になりがちな子を誘ってもらうように頼んだりします。

ただ、中学年くらいになると、クラスをまたいで友だちを誘ってみたり、「決められたグループを超えて一緒に食べていいですか?」と聞きに来たりする子が増えます。

担任も、あまり細かくお弁当のグループを決めずに、一人にしないように配慮しながらも、子どもたちの自律的な調整能力に期待して口を出さないということもあります。

真由さんのお母さんの心配も分かりますが、4年生くらいになったら、できるだけ「入れて」と自分から言えるようにしたいですよね。

ただ、どうしても心配なら、担任にそっと伝えておくことです。本人には「頑張って、友だちに言ってごらん」と励ますことを忘れずに。親の心配は過剰になれば、余計なお世話です。

しかし、高学年になると「誰とでもいいし、一人でもいいです」という自立した子もいます。「なんで、そんなことで悩むの?」という感じです。それもかっこいいなあと私は思います。そんな子は誰にも公平で、あっさりしていますから、逆に、みんなが寄ってきます。

男子の多くは、食べることと、そのあと遊ぶことで頭がいっぱいなのか、お弁当のグループで悩むことが少ないようです。

15 泣きべその子

5年生の祐二君は、泣きべそです。「泣きべそ」とは泣き虫ということで、お母さんは、何か小言を言われるとすぐにしくしくと泣く祐二君が「ちょっと、男として情けない」と思っています。

友だちとの口げんかでもすぐに涙が出てくるので、祐二君自身もちょっと落ち込んでしまっています。なんとか強くなろうと、武道を習って精神力を高めようと、お父さんに相談して笑われてしまいました。笑われたことで、また涙が出てしまいます。

「男は泣かずに耐えるものだ」というのは、今時通用しません。私も、思わず教室で言ったことがあり、女子に、「先生、それは変！　女だって泣かずにしっかり我慢できるんだよ！」と、自分の先入観を指摘され、意見され、あやまったことがあります。

「男だから」「女だから」という前提は必要のない時代になっています。学校でも、分けるのは、せいぜい、着替えとトイレくらいです。

最近は性の多様性も教育現場では注目され、十分な配慮と丁寧な対応が求められています。

男だからといって泣かない人ばかりじゃないし、韓流ドラマではイケメン男性俳優はしっかりと泣いています。祐二君も別に泣くのは自由だし、それを「男だから」と言って揶揄するのもおかしなことでしょう。ただ、問題は「泣いてばかりいて、次の一歩が進まないのはまずいよ」ということが分かっているかどうかなのだと思います。

そして「泣いている自分がどう見られているか」を周囲の様子から知ることも、成長するためには、とても大切なことなのです。

以前、真珠のような涙を流して、美しく泣く子に、叱ることも忘れ驚いたことがあります。職員室の仲間も、口々に「美しい」と感心していました。泣く姿も極めれば一つの美なのです。

16 「コミュニケーションがへた」と言われてしまう子

「コミュニケーションに問題あるようなんです」と亮二君のお母さんが相談に来ました。クラスでKY（空気が読めない）だと言われて、落ち込んでいるというのです。

落ち込んでいるようなら、言われたことの意味が分かっているのですから問題があるとは思えません。

「その場の雰囲気や状況が読めない人」のことを「コミュニケーションに問題がある」というようです。しかし、そんなことを言うなら、はっきり言って、子どもの半数以上はコミュニケーションに問題があるし、大人だってかなりの人が当てはまると思います。

空気というものを読むことが上手だということは、いったいどういうことなんでしょうか？　どうも自分の都合のいい受け答えをしてくれる人だけを良しとしている大人が多すぎませんか。

それに、場の雰囲気や空気が読めないことがそんなに良くないことなのでしょうか？　友だちにコミュニケーションがヘタだと言われるのを怖がって、周囲と話を無理に合わせたり、よく分からなくても平気で「そうそう」なんて言ったりしている方が、よっぽど変だと思います。空気ばかり読んでいたら、自己主張はできません。

それに、いつも相手のことばかり考えての営業トークでは疲れるだけです。

それより「あいつはKYだ」なんて言う前に、自分は分かりやすい話し方や、相手が受け答えしやすいように話しかけているか、狭い世界の符丁や略語で話していないかなど、コミュニケーションには問題ないと自信をもっている方こそ反省する必要があります。

子どもたちを前にして、私も「なんど言ったら分かるのか？」と言った後、もっと丁寧に言うべきだったと悔いることがよくあります。KYは「こわがらず、よくしゃべる」の略なのです。

17　テストでうっかりミスの多い子

「テストでうっかりミスが多いね」と注意された陽二君は、先生にどうしたらミスがなくなるのかを聞きました。すると先生は「問題をよく読みなさい。そして、見直しをしっかりしなさい」とアドバイスをしてくれました。

でも、陽二君は「よく読んで、しっかり見直しているつもりなんだけどなあ」と言います。

テストでのうっかりミスは、程度にもよりますが、誰にもあることだと思います。私自身も、中学校1年生のときの期末テストで、漢字の読み仮名を「カタカナで書きなさい」と問題に書いてあるのに、全部ひらがなでかいてしまい、全問×をもらいました。

国語の小野田先生は「バカモン！　岡崎、しっかりと問題文を読まんか！」と大声で私を叱りました。

でも、そのとき私は、「なぜ今回だけカタカナなのか、これはミスをさそういじわるな問題だな」と思いました。見苦しい言い訳ですけれど。

子どもたちには、「記号で書きなさい」なのか「言葉で書きなさい」なのか、問題文が求めている答え方にアンダーラインを引くと良いと教えます。

計算問題は時間があれば、用紙の裏か、計算用紙をもらって、もう一度計算し、答えを点検しなさいといいます。

さらに、選択肢を一つずつチェックして点検するなど、具体的に鉛筆を動かして、時間の許す限り、できるだけ見直すようにアドバイスします。

うっかりミスを減らすには、目で追うだけでなく、指で押さえて確認したり、もう一度書いたり、声を出しながら（テスト中は難しいですが）点検することをすすめています。

しかし、子どもたちには、過去のミスにめげず、失敗も勉強のうちと思って、しぶとくチャレンジしつづけて欲しいと思います。ま、ミスのない人生はないんですからね。

18　子育ての「こつ」って何？

講演会や学習会のあとで、大抵はお母さんが多いのですが、質問されることがよくあります。そのとき「子育てのこつは何でしょうか？」と突然に聞かれて、答えに詰まってしまいました。

そのお母さんは、子育ての正解を求めて本を読んだり、専門家に相談したり、とても熱心に、そして真剣に考えているのです。こういうときに「いやあ、正解なんてありませんよ、試行錯誤するしかないのです」なんていう原則を言っても、対話は成立しません。

「具体的には、どんなことですか？」と尋ねると、「褒めて育てるというのですが、難しいんです。それと、自分が仕事で疲れていると、どうしても叱る回数が多くなってしまうので」と。

確かに、「褒めて育てる」も原則的には正しいと思いますが簡単ではありません。疲れているときにはどうしても口うるさく叱ってしまい、あとで自己嫌悪におちいることは、私もよくありました。お母さんが悩んでいることはよく分かります。

でも、子どものために一生懸命考え、悩み、苦労していることは、だまっていても、必ず子どもに伝わると信じることだと思います。自分の力不足を自覚している親の姿を見れば、逆に子どもは自分が大事にされていると感じます。

お母さんであれ、お父さんであれ、叱りすぎたら、「何が食べたい?」と子どもに尋ね、おいしいものを作ってあげたらどうでしょう。一緒に遊んだり、家事をしたりすればいいのです。たいへんかもしれませんが、できるだけ、やさしく元気な親を子どもに見せてあげてください。

高価なプレゼントは「愛情はお金で買える」ということを子どもにすり込みます。お金でなく、手間をかけることです。子どもにはやさしい笑顔の元気な親が一番の子育て環境なのです。

第二章　子育てとしつけはめんどうだけどおもしろい

1　子どもがお店で騒ぐとき

５歳の次男を連れたお母さんが、ママ友と久しぶりにランチに行ったのですが、ちょっと悲しい思いをしました。連れて行った子どもたちが食べ終わったとたんに大騒ぎ。「他のお客さまのご迷惑になりますからお子さんを静かにさせてください」とお店の人に注意されてしまいました。早々に話を切り上げ、ママたちは子どもを連れてそのお店を出ることにしました。

子どもと大人が共存するって、けっこう大変なのです。子どもを連れて外出するとき本当に気を使います。何かいい手はないでしょうか？　泣かせないように、暴れさせないように、気を使えば使うほど大泣きしたり、子どもをしかっている自分の声の方がうるさかったりするのです。

たいていの子どもは「食べているときは静か」ですが、食べ終わって、エネルギーが補給されたら、子どもが店内を走り回るのは自然なのです。もちろん親としては、気を紛らすための絵本や小さなおもちゃを用意して、静かにさせようとしますが、長時間は無理でしょう。

もともと幼い子どもと静かに食事することが至難の業なのです。いっそ、「我慢を子どもに強いない」と考えて、食後は思う存分、安全に遊び、走り回らせることのできる場所を確保し、食事が終わったら、広場や公園へ行くと覚悟をきめたらどうでしょう。広い場所でのバーベキュー、動物園、遊園地での遠足の方が親も気楽です。

もちろん、幼い子を連れて行くことが前提の会食も子育て中の親には必要です。お店がそんなスペースを用意してくれればベストです。

「子育てを応援する」というのは、親のしつけに期待するだけではなく、周囲が子どもたちの元気さを受け入れ、理解を示すということもあるのです。早すぎるしつけは、子どもにとってよくないのです。

2 食べ物の好き嫌いを言うとき

「嫌いだからといって食べ物を投げないのよ」とか「残すときは、はき出さないでね」と幼稚園や保育園の給食時間はけっこうすさまじいのです。

もちろん家庭でも同じです。食事は台風のようで、床にこぼした食べ物は、子どもが食べた量よりも多いのではないか？　と思うほどです。

とりわけ嫌いなものやにがてなものが出ると、泣き出すか、怒り出すか。嵐がやってきます。

実は小学校でも同じように、嫌いなものを机や鞄に隠したり、口に含んでトイレまで運搬する子どもたちも少なくありません。

食べるということは子どもたちにとって、楽しいことでもありますが、むりやり嫌いなものを食べさせれば、むかつきいらだつもとにもなるのです。

「なんでも食べる子」がいい子だというのは、けっこう大人の都合であって、子どもには酷な話です。

私は小学生相手に「どうしても食べられないものは無理に食べる必要はない。だが『まずい』などと、つくってくれた人に失礼な物言いは禁止」と1年生にも言い続けていました。

現代のように食べ物の種類がとても多くなったとき、「きらいなもの」「苦手なもの」があってもいいのではないでしょうか？　それに、一度に食べられない子、食の細い子もいます。そもそも食事はとても「個性」的なものです。それより「残し方」や「食事の仕方」を実際の場面で、教えることの方が大切でしょう。

幼い子どもにぜひ教えたい大原則は「残すのはしかたがないが、食べ物に文句を言うなら食べなくてよろしい」と「食べ物は食べるためにあるのであって、おもちゃにしてはなりません」ということです。

修羅場になってからでなく、「聞く耳」をもって、楽しく食事をしているときに、くりかえし、じっくりと言って聞かせるのです。

子どもが放り投げた食器やおかずは、黙々と片付け、怒っているというシグナルを出せばいいのです。

3　これって虐待？　と落ち込むとき

「子どもに手をあげてしまって」とちょっと落ち込みながら修司ちゃんのお母さんは話してくれました。

4歳の修司ちゃんはテレビを見る時間を決めてあるのに守らず、お母さんが何度注意しても聞きません。

「ちょっとくらい、いいじゃん」などという子どもと口論になって「うるさいババア！」と言われ、つい手を挙げてしまったと言うのです。

「先生、これって体罰ですよね、虐待ですよね」と悔いています。「じゃあゴメンねという気持ちで、おいしいおやつでも作ってあげたら」と私は話しました。

体罰や虐待を肯定するべきではないと思います。でも、それをただ批判したり、虐待をしてしまう人を攻撃したりしてもだめなんです。

なぜ体罰をしたり、虐待したりしてしまうのか？　親や指導者の個別的な性格や心がけだけを問題にしてはなりません。それで解決できればいいのですが、体罰や虐待を防ぐには、子育てをする家族の前向きな関係と、近所の人や祖父母など周囲の協力や見守りが必要なのです。

修司ちゃんのお母さんにアドバイスできる「よく効く特効薬」はないのですが、テレビの見方について繰り返し本人の意見も聞きながら「キメごと」を見直す。夕食のお手伝いや外遊びなど、テレビ以外のことを組み合わせながら、スイッチを切らせる。色々工夫し、根気よくやってみるしかないのです。

しかし、そのときお母さんの孤立感や無力感が過度にならないために、お父さんや家族、ママ友などの支えがあるとかなり落ちつきます。

子どもとの毎日の駆け引きはとても疲れますが、暴力という力で制圧すれば、子どもはねじれていきます。

「どうやって、言うことを聞かせようか」という子育ての賢い戦術も大事です。でも、ときには、「ま、いっか」という適度な妥協やあきらめも絶対に必要なのです。

4　すさまじい兄弟げんかをなんとかしたい！

どこでも兄弟がけんかするとすさまじく、殴る蹴るは普通で、親までとばっちりを受けるということが、珍しくありません。

7歳と5歳の男の子のお母さんは、「ほとんど毎日けんかをしているんです」と困り果てています。外から見ていれば「ほほえましい兄弟げんか」でも、家族としては、「もういい加減にしてくれ！」

と言いたくなるでしょう。ものを壊したりすることもありますから、あまりに激しいと将来が不安になります。

けんかも口げんかから、とっくみあいまでいろいろです。弟が泣いて終わるというパターンもあれば、兄が弟の乱暴に耐え、やられっぱなしということだってあります。

姉妹も激しい口論もあれば、キックやつねりまで多種多彩な攻撃がありますから、男女の違いをことさらあげても意味がないかもしれません。

しかし、親の立ち位置はけっこうはっきりしています。

一つは、どちらの味方もしないで仲裁に徹することです。年の差のあまりない兄弟げんかはどっちもどっちという、つまらない理由でおきることが多く、どちらかの味方をすると、かえって収まりがつかなくなってしまうことがあります。けがをするなど、目に余ることになれば、そのこと自体をとがめるべきで、よほどのこと以外は「兄が悪い、弟が悪い」というジャッジはしないことです。言うなら「二人ともいい加減にしなさい」です。

二つ目は、公平に両方の話を聞くことです。親に両者のやむを得ない気持ちを伝えることはあってもいいと思います。

親としては兄弟げんかをなくすことよりも、「ゲームオーバー」の合図を出し、「さあ、おやつよ」などと場面を変える工夫をすることに力を注いでみましょう。

いくらけんかしても、次の朝には、また普通に日常がはじまる！　それならば、頼りあえる仲のよい友だちでありライバルでもある兄弟のけんかもよしとしましょう。

5　お年玉の使い方でトラブルが起きる

結衣さんはもうじき小学生。とてもおませな女の子です。最近、お正月にもらったお年玉の使い方で、お母さんともめています。

結衣さんはマンガキャラのついているオモチャをたくさん集めています。おかあさんにはどうみても無駄遣いとしか思えないので、口を酸っぱくして「無駄遣いしちゃダメでしょ」と言いますが、「いいじゃん、あたしがもらったお年玉だもん」と言い返しています。

お金は子育てや教育の中でとてもやっかいですが大事な存在です。子どもたちはお金を使うことでダイナミックに社会とつながります。

お金があれば、欲しい物が手に入るということに驚きと、満足感を味わいます。

そのことは、結衣さんのように親とのトラブルを起こす原因にもなるのです。

もう少し大きくなれば、お小遣いの使い方や、友だちとの貸し借りなど面倒な事件に発展することもあります。

でも、それも成長のための「学習」なのですから、避けて通れません。

とりあえず、最初は子どもの使うお金は社会的には「親の責任」の下にあることを教えておかなくてはなりません。たとえ子どもが親戚からいただいたとしても、使って問題がおきれば、子どもの行為は親の責任になります。

お年玉などで何を買うのか、使う前に、親と「一緒に考える」「簡単には使わない」ということを手続きとして習慣づける必要があります。

何が欲しいかを紙に書いておき、しばらく間を置いてから買うなど「衝動買い防止」の工夫も必要です。

ただし、「つまらないもの」だとか「いらないでしょ」などと頭ごなしではお小遣いの楽しみがありません。ときには、くだらない、つまらないものを買うときがあってもいいと思います。いつも「ダメダメ」で、親に隠して使うようになってしまっては困りますからね。

6 時間の「だらしなさ」をなんとかしたい

幼稚園に勤める花沢先生は年長組の担当です。最近、かたづけや、遊戯活動などに、子どもたちが時間を守って行動できないことが目立つのでいらついています。

先日も保護者会で「なかなか時間を守るということが難しいので、ご家庭でもよろしくおねがいします」と話しました。

ところがそこに集まったお母さんたちから「家でも、大変なんですよ。先生は、規則正しくっておっしゃるけど、簡単じゃないんですよ」と言われてしまいました。

花沢先生は「何か良い方法はないでしょうか?」と私に相談に来たのです。

「そんな良い方法があったら苦労しませんよ」と私は言いましたが、確かに子どもたちに時間を守らせて、幼稚園や学校に送り出すのは大変な仕事です。

先生たちは、ときどき時間を守らない子どもを「しつけがされていない」と批難しますが、本当でしょうか。

もちろん、小さい頃から、時間を守るように習慣づけることは大切かもしれません。でも、小学生の低学年くらいまでの子どもにとっては、「何を何時までに」という考え方はありません。なすべき仕事にかかる時間がどれくらいなのかなんて、なかなか予測がつきませんし、先を見通して仕事をするなどということは、大人だって難しいのです。

友だちでも、約束に遅れてくる人は常に30%くらいはいますし、仕事が間に合わないで残業せざるを得ない会社員も多いはずです。

約束の時刻とか、やるべき時間などは、「やる側」でなく「やらせる側」の都合に過ぎません。

「何時頃集合できるかな?」「どれくらい時間がかかるかな?」とまず子どもに聞いてみて、それにチャレンジしてもらうことからはじめてみることもいいのではないでしょうか。

それから、私たち大人自身も毎日時間に追われすぎていることも反省すべきなのです。

7 食事のマナーは身に付けられるか？

「子どもって、どうやったらお行儀よくなるんでしょうか？」と空君のお母さんに相談されました。空君は4歳ですが、まだ箸が上手に使えません。家では、今まであまり気にせずにきました。今は握り箸ですが、なんとか食事はできています。ですからお母さんも放っておいたのです。それに、義母も「あんまり食事中に細かいことを言うと食が進まなくなるわよ」というので特に箸の持ち方をうるさくいってきませんでした。

ところが、保育園の参観日に箸を上手に使っている友だちがたくさんいるのです。我が息子がとても惨めに見えたというのです。

食事のマナーはその家の独自の文化です。自分の家だけで食事をしているとあまり気付きませんが、およばれしたり、お友だちを招いて一緒に食事をしたりすると、その違いにびっくりすることもよくあります。

箸の使い方など「食事の伝統」には基本的なものがありますが、絶対的なものではありません。それに国や地域、時代によって変わっていくものも多いのです。

私は、空君のお母さんが気になった今が、教える時期だと思えばいいと話しました。

合理的な箸の持ち方なら、小さい豆や柔らかい豆腐、魚などが食べやすいですし、ついでに「ねぶり箸」「迷い箸」「寄せ箸」など「お行儀のよくない使い方」も家族で学びながら一緒に練習したらどうでしょう。

ただ、家族でこうしたお行儀を身につけるときに気をつけて欲しいことがあります。それは「お行儀よくすることは気分良く暮らすためだ」ということを忘れないことです。

お行儀を「しつける」ために、食事のとき不愉快になったり、息苦しくなるようなら、そんなお行儀は身につけない方がいいのかもしれません。

私自身、同居人には、いまだに「しつけ」られています。がんばりましょう。

8 子どものスマホにいらつくとき

6年生の太一君のお母さんは「先生、夏休みにスマホを買ったのですが、食事中もそばに置いてるんです。落ち着いて食事もできないんですよ」と困り果てています。

携帯電話は時代遅れになったらしく、今ではスマホのラインやフェイスブックなどでの「即時会話・交流」が子どもたちの世界でも当たり前になりつつあります。

ネット依存の一種でもあるライン「熱中症」でのつながりですが、そこから自由になるのは、大人でも簡単ではありません。

スマホを身近に置いてしまったら、そういう事態になることをあるていど予測して買うしかありません。そばに置いて手軽に交信できることこそがラインのラインたるゆえんです。

便利さには自由と束縛の両方が伴います。当然トラブルも増えます。ラインにはまって友だちと即時会話をすれば、おもしろいと同時に、際限なく時間を消費して、やらねばならないことができなかったり、大事なことがそっちのけになったりするのだということです。

でもここで、叱責するだけでなく、子どもたちと真剣に向き合ってみたらどうでしょうか。「ラインで友だちと会話することと、今、家族で食事することとどっちを大事にすべきなのか？」と。

今さら何を？　と言われるかもしれませんが、この問題は、子どもだけでなく私たちの生活の中の「優先順位」を問い直しているのです。

私は現在、小学校の教員でもありますが、子どもたちとネットコミュニケーションの問題を、私たちの生活や社会の在り方を抜きにして考えるのは難しいなと悩んでいます。

太一さんのこの問題は、お母さんと太一さんや家族の「つながり方」の問題でもあると思うのです。

9　忘れ物をなくす方法はある？

先生は、5年生の達雄くんの連絡帳に「忘れ物をしないよう、ご家庭でも声かけをお願いします」と書きました。

忘れ物をなくす方法はないかという相談をされることが多いのですが、残念ながら即効薬・特効薬はないのです。

ときどき「忘れたら、本人が困るでしょ。だからなんとかしなきゃと、反省すると思うんですよ」という親御さんもいますが、実は本人、けっこう平気なのです。よく忘れ物をする子に限って、ほとんど困っていません。

忘れやすいもの、とくに、それなしでは授業ができないというものについて、私たち教員は、事前に知らせ、かなりしつこく指導します。

毛筆書写の道具、絵の具セット、家庭から持ち寄って作る工作の材料など、1週間も2週間も前から、黒板や連絡帳に書いて、声をかけ注意しています。

その他の、特別な練習ノートやテキストなどは、家に持ち帰らず教室のロッカーなどで保管することもあります。

忘れ物が多いから授業中止！　というのは、リスクが多いものです。しっかり準備してきた子どもたちのやる気を削いだり、楽しみを奪ったりすることになるからです。忘れた子は取り組めなかったり、他の学習に置き換えてもらったりしますが、気を使います。

ただ、子どもたちも遊びに夢中で、彼らなりに多種多様に「大忙し」なのです。彼らにしてみれば、「忘れ物どころじゃないよ」というのも現実なのです。子どもたちのそんな気持ちも分からないわけではありません。

忘れ物を減らすには、連絡帳や予定表を自分でみながら、「明日の準備タイム」を毎日例外なく持つことです。それには何度も、何度も、耳タコ上等、うんざりするほど繰り返し、「忘れ物ないの？明日の準備したの？」とうるさく言うのが王道です。

10 叱り方は難しいけれど

「息子がお父さんに叱られても怖がらないので困るんです」と小学3年生の陽介君のお母さんは言います。「叱ってやってよ」と言っても、お父さんはやさしくて、あいまいなまま済ませてしまうということらしいです。

「最近のお父さんはやさしくなってしまった」とよく言われます。しかも、「お母さんが強すぎるからだ」と揶揄する人も少なくありません。

確かに、叱るということは簡単ではありません。いくら子どものためだと思っても、幼い子どもに親の想いはなかなか伝わりません。叱りすぎれば、子どもに嫌われることだってあります。それでも、子どもの成長を願うのなら、父であれ母であれ、ダメなことはダメと言いつづけなくてはなりません。

親に叱られて言うことをきくようになるのは「叱られる恐怖」のためでなく、「その行為がよくないこと」「人を傷つけること」「自分の値打ちを下げること」、そんなことが、だんだんと分かっていくからなのです。

むやみに、大きな声で脅したり、手をあげたりして、本当に叱る意味が分かるかは疑問です。小さい頃は、親の暴力的な叱り方でも、効果があるようにみえるかもしれません。

しかし、子どもがそれを理不尽だと感じたまま成長して大きくなれば、今度は親の言うことを聞かなくなることは目に見ています。最悪の場合、親に対して暴力を振ることもあります。

やさしくても叱ることはできるはずです。叱れば自分も落ち込みます。子どもときちんと向き合いながら、そして自分自身の子育てを反省しながらしか、叱ることはできないでしょう。

それは、試行錯誤の連続です。マニュアルはないのですから、親自身が苦労しながら心を落ち着けて、自分なりの叱り方をみつければいいのです。

11　集中力と持続力がないと思う時

若斗くんは3年生です。お父さんは「集中力」を鍛えようと思って、書道教室に入れるつもりです。お母さんが言うには「勉強部屋の机の前で、10分もじっとしていられない」といいます。

でも、若斗くん自身は、書道教室へ行きたくないようです。入塾して1週間、つまり2回行っただけで、もうやめたいというのです。それを聞いたお父さんは「持続力」もないのかと、かなり落胆しているようです。

ですが、もともと「集中力」というのはなんのことでしょうか。「集中力」を身につけたいのですが…という相談を受けるときは、そのほとんどが「勉強への集中力」など、どちらかというと、子どもが乗り気にならないことの方が多いのです。

若斗くんの場合も、そうです。彼にとって、書道教室は「勉強」と同じでどうも気の乗らないところなのです。ですから、当然のこと、「集中力」も「持続力」もありません。

好きでおもしろいことならきっと「集中力」も「持続力」も発揮するでしょう。そもそも「集中力」や「持続力」というのは、「やる気」とか、「向上心」など本人の意志に左右されるものだと考えた方がいいでしょう。

私自身の教師経験から言うと「やる気の出るのを積極的に待つ」というのが基本的な構えだと思います。むろん、「やってみたら、やる気が出て、集中して長続きした」ということもありますから、放っておくのではなく、新しい「刺激」や「叱咤激励」、「ほめること」は必要です。しかし、それがすぐに「集中力」につながるとは限りません。何か良い薬があって、それをつければ、明日から「持続力」と「集中力」が出るというものではないのです。

10分がだめなら5分からはじめればいいのです。

12　お小遣いの使い方

「お小遣いが欲しいというのですが、小学校3年生だと、いくらくらいあげればいいのですか?」と麻友さんのお母さんから尋ねられました。

金額も重要ですが、実は、お小遣いを渡すときに大切なのは、渡し方や、使い方を教えるということです。

子どもたちがお小遣いを使うということは、立派な大人になるための「消費活動」の練習です。使い方のルールを教えながら渡す方がいいと思います。

いくらにするかという金額を決めることだけに、子どもとの話し合いが集中してしまって、肝心の使い方についてなおざりになってしまうことがよくあります。渡す前にまず、親として守って欲しいことを話しましょう。

一番大事なのは、親の責任が伴うということです。「いくら、あなたのお小遣いだといっても、なんでも自由というわけではないのよ。間違った使い方をしたり、トラブルがおきたりしたら親が責任をとることになるからね」とまず話しておくべきです。

その上で、何に使ったかを報告させたり、使い方の相談に乗ったりした方がいいと思います。しかし、「そんな物に使っては、ダメ!」という意見はできるだけ控えるべきだと思います。

「無駄使いをしない」というのは、ルールになりません。だって、子どもにとって有用なことでも、親にとっては無駄なことがありますから、言い分もあり、簡単に結論はでません。そもそも、お小遣いは無駄な部分もあるから楽しみですし、うれしいのです。

お小遣いをすべてバトルカードに使った子もいましたが、頭ごなしにダメを出すよりは、「感心しないわね」という親の意見をきちんと言うべきだと思います。その意見を聞きながら、子どもは「よい選択」「好ましくない選択」を学ぶものなのです。

13　親のお金を抜き取ってしまったとき

5年生の智文君のお父さんから「子どもが妻の財布からお金を抜き取って…」と相談の電話がありました。

金額は二千円です。親にとっては青天の霹靂で、お父さんもお母さんも「ショックで、頭が混乱して、どうしたらいいか分からないんです」と肩を落としています。お年玉を使っていると思っていたら、それはちゃっかり貯金して、親のお金を黙って抜き取って遊びに使っていたという、笑えない話です。

こういう時、親御さんは「あまり厳しく叱ったら、今度は他の家から盗んだり、万引きするようになるのではないか」と思ったりもします。

お金の窃盗に関する相談は、今までなんども経験してきましたが、一過性、つまり、ひょっとしたら2、3回はあるかもしれませんが、そう度々くり返すことはありませんでした。それは、おそらく、事の重大さに子どもが気づいていくからです。

対応はシンプルで、お金を黙って持っていくことはよくないことで、社会では許されることではないと、くりかえし叱って確認すればよいのです。

親のお金であれ、他人のお金であれ「窃盗」という罪になるということだけは、伝えてしっかりと知らせておくことは必要です。

あとは、家庭でのお金に気をつけてしっかり管理し、財布の置き場所など見直して、しばらく様子をみることです。

もちろん、子どもたちのお年玉やお小遣いの使い方も、ある程度は把握しておかなければなりません。

ただ一方で、お金を抜き取るという問題だけでなく、「ぼくのことをもっと見て欲しい」という子どもの「切実な願い」かも知れないということも少し考えてみてもよいかもしれません。

子どもは、親の一番嫌がることをやって、親の関心をひくという「荒技」がとても得意だからです。

14　ハンカチとティッシュは必要？

4年生の俊介くんのお母さんは「ハンカチとティッシュを持った？　って何度言っても忘れるん

です。1年生のころは持っていったのに、最近は『めんどくさいな』ですよ」とげんなりです。

今でも、ときどき学級で係が「ハンカチ、ティッシュ調べ」をしますが、忘れても平気な顔の子が目立ちます。高学年になってもハンカチやティッシュを持ってこない子が多くいます。

用を足したあと、手を洗って拭くという習慣は、なかなか身につかず、ハンカチの必要性も感じないのでしょう。

実際のところは、ハンカチもタオル地でないと役に立ちません。女の子の中には「お気に入りのハンカチだから、使いたくない」と言って友だちに借りている子もいましたし、男子は、当然のごとくズボンで拭く子もよくいます。私の背中で拭く子もいました。

さすがに給食の前には洗って欲しいのですが、洗った後、「いただきます」まで「清潔さを保つ」のも一苦労です。

以前、あまりにティッシュを持って来ないので、教室に箱サイズのものを自分で買って、置いていました。それを平気で使う子どもたちの消費量もバカになりませんでした。

花粉症や感冒で鼻水が出る季節には、自分で持ってきたティッシュでは足らず、「先生、ティッシュください」と言いにきます。なかには、自分専用の箱ティッシュを持ってくる子もいます。

「ティッシュを入れたら、ポケットがふくらむから嫌です」などと言われたこともあり、ワケわからん！　です。

「先生、ティッシュがいるんだってね。これ使ってくれ」と、アダルト系接客業の宣伝用ティッシュのぎっしり入った大きな段ボールを持ってきてくれた保護者がいましたが、使う前にチラシを抜き取るのが大変でした。子どもたちには手伝わせられませんからね。

15 「ごめんなさい」が出ないけれど

小学校3年生の雅紀君は、自分がかけた迷惑や失敗を、なかなか人に謝ることができません。「ごめんなさい」や反省のひとことが、すっと出ないのです。まず「だってぇ」から始まります。

お父さんが「提出物を忘れて期限に出せないのは、雅紀がだらしがないからだ」と叱ったのですが、「だって、持って行こうと思ったら、朝、お母さんが『早くしなさい』っていうんだもん。あわてて忘れたんだから、お母さんのせいだ」というのです。

ゲームをする時間も約束しているのですが、時間が来てもやめないので注意すると、「昨日は、5分早くやめたから、今日は少し延長できる」とか「お父さんとやったときは、キリがついたところでやめることにしたのだから、キリがつくまで、もうちょっとやってもいいじゃないか」という調子です。

乱暴したことを先生に叱られたときも「だって、友だちの翔君が先に嫌なことをいうから、やりかえしただけだ」と「ごめんなさい」が言えません。

謝罪はきちんと自分の過ちを認めるということがあってこそできることで、未熟な雅紀君は、それがまだ十分にできないのです。ですから、謝罪したり自分の失敗を認めたりすることで、自分が丸ごと否定されたような気持ちになってしまうのでしょう。

子どもたちには、頭ごなしでなく「君の気持ちも分からないわけではないけれど、失敗は失敗だから、丁寧に謝罪して、こんどからまた頑張ろうぜ」と気持ちを受け入れて、その上で反省を求める方がよいと思います。安易な謝罪や反省は、本人自身にも周囲に対しても、かえってよくありません。

謝罪することは敗者になることではありません。自分の過ちをきちんと認めることはとても大切なことで、大人でもなかなか難しいことです。

16 かっとなって叱ってしまうとき

「叱るとき、ついカッとなって手を挙げてしまいそうになるのです」と真理夫君のお父さんはつらそうに言います。そして「先生たちは、冷静に、落ち着いて話をしてくださいとおっしゃいますが、それが難しいから困っているんですよ。何かいい方法はないのですか？　私はダメ親ですか？」と、ちょっと皮肉を込めて私に聞くのです。

確かに、子どもを叱るときに、熱くなり、乱暴に怒ったり、手が出そうになったりすることがあります。

多くの親御さんは「そうそう。あるある」と思うでしょう。「いけないことを叱るのに、きつく怒るのはあたりまえですよ、そんな冷静になんて、おかしいですよ」と言う人もいます。

実は、私も、「冷静に、落ち着いて」と言われてもなあ、難しいよなあと思います。暴力的な叱責はだめだと分かっているけれど、子どものことを真剣に考えているからこそ、厳しく、ときに手が出ることもあるのだろうと、思わないわけではありません。

しかし、子どもの側からするとどうでしょうか？　もし、親のその思いが「愛や熱意」としてではなく、子どもにとっては、「親のイライラの憂さ晴らしじゃないか」「自分が親として周りに恥ずかしいからだよね」「力と恐怖で押さえ込むためなんだ」という受け止め方をしているとしたら、親の思いとは全く違い、反省どころではありません。

ですから、もし子どもに対し怒りが爆発し暴力的になりそうだったら、「ちょっとお父さんは頭を冷やして来るよ」とすばやく、そこから離れることです。そして、少し落ちついてから、子どもの言い分を聞きつつ、よく分かる言葉で、叱ってみてはどうでしょう。「ダメなことはダメなんだよ」と冷静で決然とした親の態度と叱責は、大声で吠えるより効果的だと思います。

17 下品な言葉がだいすきな子

「5歳の息子が、どこで覚えてきたのか、下品なことばを大きな声で連呼するんです。怒って注意するとよけいに叫んだりするので困っています」と弘毅君のお母さんは苦笑いです。

学校でも、うんちやおしりなど、下品ネタは子どもの大好物です。なぜか、男子が多いのですが。低学年だけでなく、高学年でも大好きです。

五味太郎さんの絵本に『みんなうんち』がありますが、子どもは大喜びします。『うんち大全』という非常に格調高い本を私も持っています。

大人があまり大きな声でいうにははばかられるこうした言葉を、子どもたちは直感的に知っています。それは、子どもだけで楽しめる世界なのです。ですから、私たちは、あまりムキにならずに、できれば「いやねえ」と無視するか、笑いとばすくらいにしておくのが無難です。

真剣にしかればしかるほど、子どもたちの思うつぼかもしれません。私はよく、中学年くらいまでを担任すると、下校あいさつで「さようなら」を「さよう、おなら」と言うと、子どもたちはおもしろがってくれました。とくに、おすすめしませんが、これも、教師として子どもの独特の奥深い世界に近づく涙ぐましい努力なのです。

とりあえず、「みんなが大勢いる場所ではやめましょう」くらいの注意は、大人の姿勢として、子どもに伝えてもいいと思います。

ただ、ある高名な心理学者によると、「うんちやおしりという言葉を禁止すると、それは抑圧となって、大きくなってから不自然な形で現れる可能性がある」と言います。こうなると、私たち大人としては、あまり「不自然な形で現れる」ことを望みませんから、適度に子どもたちが、下品な言葉で遊ぶのも許してあげたいなと思うのです。

18　にんじんぶら下げ作戦の是非

郁郎君のお母さんは「2学期の通知表が1学期よりよかったら、欲しがっていたゲームソフトを買ってあげると約束したのですが、それでよかったのかなあ」と少し反省しながら言います。

通知表やテストの成績が向上したら、欲しいものをご褒美として、子どもに渡すということをよく聞きます。

多くの親たちは、ご褒美に効き目があるのでそれを利用します。子どもたちも欲しいものがゲットできるならと、いつも以上に頑張り、努力します。

これは俗に言う「にんじんぶらさげ作戦」で、これは、馬の鼻先に好物のにんじんをぶらさげて走らせるのと同じです。課題を克服したら、それと引き替えにご褒美を渡すという「意欲づけ」の一つの方法です。

これは別に悪いことではありません。確かに安易ですが、それだけ効果もあるということです。

ただし、効果的なことには弊害が伴うことも事実です。

私が今まで見てきた子どもたちの中には、にんじん作戦のためにかえってやる気を減退させてしまうようなことになった例もたくさんあります。

たとえば、目標が高いと、なかなかご褒美がゲットできないので、自分を否定的に見るようになります。「どうせ、ぼくなんか、がんばっても…」と。

また、ご褒美なしでは何もしない。しかも、より高価なご褒美と交換でないと努力しなくなってしまうのです。自分の部屋の掃除さえ「何ももらえないなら、やらない」というように。

本来は、課題にとりくむとき、その課題が自分にとってどれだけ大切で必要かが分かれば子どもは進んでやるはずです。しかし、それが簡単ではないからこそ、ご褒美だのみになるのです。

現実にはご褒美もあってよいのですが、高価なご褒美は、それがもたらす弊害も承知していないといけません。

19　兄弟げんかのワケ

4年生の美津夫君と1年生の久志君の兄弟けんかが耐えません。お母さんは、夏休みなどは大変です。仲裁するのも嫌になっています。毎日一度や二度ではありません。

怒鳴り合ったり、蹴り合ったり、まるでプロレスの場外乱闘です。けんかが終わっても、いつまでも気分がすっきりせず、夕食になっても、テーブルの下で蹴り合いをしている始末です。

男の子だけではなく、女の子の姉妹でも同じようなことがあります。

年齢に差があっても、心の成長の差が十分ではないのです。ですから家族の中での主導権の争いになります。

弟や妹が、兄や姉をバカにせず、よく言うことを聞き、兄や姉は、愛しさを持って弟や妹の世話をし、面倒をみるという習慣があればいいのです…と言いたいのですが、それを言い聞かせたからといっても、現実はそうはうまくいきません。兄や姉は、弟や妹を自分の都合の良いようにあごで使い、弟や妹は兄や姉を小馬鹿にしていることがあります。

兄弟がお互いの損得や不平等に過剰に反応して、しのぎをけずっているのですから、簡単には収まりません。

「いつも弟や妹のわがままのせいで、ガマンさせられている」と兄や姉は怒り、「お姉ちゃんやお兄ちゃんは、いつも自分だけいい思いをしている」とこれまた弟や妹は怒っているのです。

改善策はなかなか難しいものがあります。まず、兄弟姉妹が自分は他の兄弟と同じくらい親に大事にされているという実感が必要です。さらに、親は兄弟姉妹を冗談でも比べて評価することをしないということです。また、トラブルの原因を作らないようにシンプルに生活を組み立て、個人が自律し、できるだけ距離を取ることが「平和」なのだと繰り返し教える他ありません。

20 子どもたちへ謝罪の指導

「なぜ、子どもたちは、普通に謝れないのか？」と若い教師が嘆きます。「自分が悪いと分かったら、ちゃんと謝ればいいのに、ホント、素直じゃないんですよ」と子どものけんかをとりなしていた教師が怒っています。

しかし、担任していた1年生のけんかを仲裁したとき「ごめんね」「いいよ」と、とても簡単に謝罪したので、そのとき私は逆に違和感を感じました。そんなに安易に謝ったり、許したりしていいのかなと思ったのです。

お互いが、トラブルの原因や経緯についてしっかりと話し合わなくては、解決にはならないのではないかと。

子どもが成長するにしたがって、謝罪も、その受け入れ方もなかなか複雑で難しくなります。

謝罪という行為は、感情的に納得できなくても、自分の至らなさや責任が理解できれば、言葉など態度で相手に示すことなのです。ですが、自分が悪いと理解できていないのに、面倒なので謝罪して済まそうというのはあまりいいことではないのです。

子どもはよく「ぼくだけが悪いんじゃない」と言います。場合によっては相手にも非があることもあるでしょう。また、「しょうがない」「わざとやったんじゃない」という反論もします。たしかに、悪意なき失敗もありますが、だからといって本人のやったことが免罪されるわけではないのです。謝罪はこれからの関係を改善するためにも必要なのです。子どもたちに分かってもらうためには時間と根気がいります。

相手に頭を下げるということは、悔しいことでもあります。でも、それが社会という人と人の関係の中で生きるということなのです。

子どもたちも、感情と理性の葛藤の中で謝罪ということを学びながら成長してほしいと思っています。

21 つめかみ、チックを心配するとき

「つめかみ」「ゆびしゃぶり」「抜毛症」「チック」などいろいろな変化が子どもにはじまると親は慌てます。いままでなかったことが起きると、病気ではないかと構えてしまうのです。

子どものこうした症状は、成長によって、あるいは環境の変化で改善するものもあります。身体的機能や脳機能に原因があると診断する専門家、あるいはストレスや抑圧も原因であるという専門家もいます。

子どもの心身不調の状態も原因も、当然ながら個々にそれぞれちがいがあり、さまざまです。それにまだ原因が確定されていないこともあります。

「エビデンス（確証を得るための証拠）が重要だ」と言われて、それにこだわればこだわるほどファジーな部分や個性に関する不明な部分が出てきてしまうということもあります。

とりあえず気になることがあれば医療機関に相談しますが、そこでなんでも解決するというものではありません。

医師も神様ではありませんし、子どもも医師との相性があります。それに医師の専門研究の深さや広さ、臨床経験など多様です。ですから、「絶対」という診断・治療は難しいのです。

親は、困ったときはどうしても焦り、原因が何かと探し、すぐ治る薬を飲ませなければと思います。しかし、子どもは現在進行形で成長しています。心身のバランスを欠いて不具合を起こすこともあります。時間をかけて自分を調整している最中なのです。

過剰に心配している親を見て、余計に不安が増すこともあります。スキンシップや一緒にいる時間を増やして、「大丈夫だからね」と安心させることもとても大切です。

緊急を要しなければ、親自身がゆったりと構えて、子どもと向き合うことも大切なことだと思うのです。

22 「ちゃんとしなさい」「はやくしなさい」と言い過ぎる

「はやくしなさい」と親は子どもによく言います。「きちんとしなさい」「ちゃんとしなさい」が口癖になっている親も多いのではないでしょうか。

以前、クラスの子どもたちと雑談しているときに、「うちの母ちゃんは、早くしろ、ぐずぐずするな、きちんとしろ、はっきりしゃべらんかと、ぼくにつぎつぎと浴びせてくるんだわ」と笑いながら話してくれました。

「浴びせてくる」という言い方が的を射ており、自分自身も家ではそうだなあと、笑いながらも心の中で冷や汗をかいていました。

学校でも、多くの先生は「きちんとしなさい」「ちゃんとしなさい」と言います。なんとなく分かったようで分からないのですが、とりあえず、背筋をピンと伸ばして、「はい」と大きな声でこたえておけばその場はおさまります。

忙しい毎日の暮らしの中で、親も先生も、てきぱきと「なすべきこと」をこなしていきたいので、立ち止まったり、他ごとに気を取られたりする子にはどうしても「ちゃんとしなさい」と厳しくなります。

でも、ときどきは子どもと一緒に道草してみることをお勧めします。子どもたちが今何に興味を持っているのか？　どんな友だちと遊んでいるのか？　何が流行しているのか？　子どもたちの暮らしを一緒に眺めることも大事なのではないかと思います。

私は保育園や学童保育に子どもを預けていましたが、自転車でお迎えをして帰る途中で、子どもといろいろと楽しい話をしました。

別にわざわざ子どもと向き合って真剣に「さあ語りましょう」などと言う必要はないのです。一緒に夕飯の支度をしながら、洗濯物をたたみながら、「ちゃんとしなさい」を封印し、話しかけてみるのもいいものです。

23 食事を邪魔するゲーム??

こどもを叱るのはとてもむつかしい。シンプルに叱ってすむときも多いのですが、すぐに言うことを聞いてくれないときはどうしても感情的になってしまいます。

夕食が準備できて食べる時間になっているのに、いつまでもゲームに夢中でなかなか食卓に来てくれない子どもを叱ったりすることはよくあります。

子どもの方も「うるさいなあ、なにキレてんの、わけわかんない」などと憎まれ口をきくようになり、怒りのテンションもマックスになります。

昭和の時代なら「じゃあ、食べなくてよろしい」と言って、食卓の食事を片付けてしまう親はごくあたりまえにいました。私の父もそうでした。子どもにとって、食事抜きは考えられませんから、遅れることもありえません。

今や食べ物は比較的豊かで、食事前におかしを食べて、肝心のご飯がたべられないという子どもも多いのです。食卓で待つ子どもではなく、食卓で待たれる子どもが増えました。

子どもを叱るという行為にも切実なインパクトがなくて、「まあ、夕食なんか、どっちでもいいや、冷蔵庫には何かあるだろうし、お菓子もどこかにあるはずだ」という子どもたちに、親の気持ちがなかなか届きません。

子どもたちが休み時間に「ひとりでゆっくりと食べたいよね。家族で食事ってつらくない？」と言っているのを聞いて驚いたことがあります。

家族みんなで食卓を囲むということもあたりまえではないようです。大人の働き方も多様で、家族の暮らし方や生活リズムもいろいろあるようです。

時代を後戻りすることはできません。「食事よりゲーム」という子どもの前で、叱り方も変化を余儀なくされているようです。毎日、根気よく、淡々とキレないで叱る覚悟が必要なようです。

24　子どものあくび事情

寝不足や2学期の学校リズムになれないこどもたちが、授業中に大きなあくびをすることがよくあります。

「口を押さえて、そっとあくびをしてくれればいいんだけど、授業で一番力の入っているときにあくびをされるとねえ、すっごく怒れるのよ」と先生がぼやいています。笑いながらも周囲の先生達も頷いています。

私も、怒りはしませんが、「人前では口を押さえようね」と言います。一生懸命に説明などしているときに、前列で、声まで出して「あ〜あ〜」とあくびされると、確かに力が抜けます。

とりわけ長期の休みのあとや、週明けの月曜日は、しょうがないなあと思います。私たちだって、授業後、椅子にどっかと座りながらあくびやため息が出ることはよくあります。

以前、あくびを頻繁にする子がいました。夜更かしだろうと思っていましたが、休み時間にも眠そうに机に突っ伏しているので「大丈夫か?」と声をかけてみました。「大丈夫です、先生ごめんなさい」というので、「まあ、勉強のしすぎっていうんじゃないだろうけど、夜はしっかり眠りな」と冗談っぽく話すと「ありがとうございます」と言いながらわけを話してくれました。

その子のお母さんはシングルです。事情があり、最近仕事を三つも掛け持ちするようになりました。仕事を終えて帰るのが深夜になります。「先に寝ていなさい」と言われるのですが、お母さんの顔が見たいし話もしたいので、その子は寝ていても、お母さんが帰ってくると、起きてしまうのです。

その時間がとても楽しみで、どうしても眠るのが遅くなるというわけです。

子どもたちのあくびにも、いろいろと事情があるのだろうなと思うようになりました。もちろん「つまらない授業なのかな」と反省もしますけどね。

第三章　親もつらいよ

1　友だちとのけんか：親編（1）

娘が友だちにひっかかれたんですけど、相手のお母さんにも自分の子どもにちゃんと注意してもらいたいと思うんですが、言いにくくて…と近所の幼稚園に子どもを通わせているお母さんから相談されました。言いたいことがあっても、子どもの友だちのお母さんにはなかなか率直に話すことができないという気持ちはよくわかります。

電話で怒って抗議したり、相手の家まで怒鳴り込んだりすることもちょっとできないけど、黙ったまま我慢するのもいけないような、ちょっと悔しい気がします。

こちらが相手に怪我させたときなどは、率直に謝罪に行けばいいのですが、怪我させられたのに何も言ってこない親にはちょっとムッとします。ちゃんと知らせてあげないと、相手の親も困るのではないかと思ったりします。相手にうまく通じるかどうか心配になりますね。

でも、思い切って相手に話してみると、意外ときちんとうまく話ができることも多いのです。気がつかなかったことをきちんとわびてくれるお母さんも多いし、これからも仲良くしてくださいと友好的な話し合いができることもあります。

ただ、話すときはいきなり本編に入るのではなく、助走が必要です。たとえば、「いつも仲良くしてくれてありがとうございます」とか、「うちの子もおっちょこちょいでご迷惑かけているかもしれませんが」などとまず相手の様子を見て、「こんなことがあったのですが、子どもからの一方的な話なので、お子さんからも聞いていただいて、気をつけていただけるとうれしいです」などとクライマックスへ行きます。

もちろん話すと逆ギレしたり、「ウチの子に限って」とか「本当は良い子なんです」と言い訳に終始したり、「そっちに責任があるんじゃないですか」と思わぬ返礼を受けることもあるでしょう。

そんなときどうしたらいいのでしょうか？

2　友だちとのけんか：親編（2）

幼い子どものけんかをうまく着地させるために親同士が話し合っても、必ずうまくいくとは限りません。

とりあえず自分の方が膝を折って頭を下げているのに聞く耳を持たず、一方的に「そっちが悪い」とか「あなたの子に問題がある」などと言いつのる親がいます。

こういう親と、とことんやり合うのもいいのですが、結局は子どもたちのこと、事実関係などはっきりしません。その出来事だけでなく日頃の関係や、その子の気質なども影響しているのでドラマのような決着はいつまでたってもつきません。

また、「子どものけんかに大人が口を出すことはない」という親もいますが、幼い子どもの場合そうも言っていられないことがあります。

いつもトラブルを起こすとか、まきこまれやすい子どもの親はどうしても苛立っています。なんども他の親から苦情を聞かされ、謝罪が続いていると、その悔しさから、どうしても言葉がきつくなったり、配慮のない言い方をしたり、疲れて投げやりになったりすることがあります。

また、子どもになんど言い聞かせてもなかなか思うようにならず、けんかが多くなってしまう子どもも多いのです。そうなると、親は追いつめられますから、内にこもってしまうか、外に「毒をはき散らす」しかなくなってしまいます。

非常識な言葉や、失礼なもの言いをする親は、けっこうつらく厳しい子育て状況にあるのだなと思いやってほしいですし、自分自身もいつ同じような状況になるかもしれないと心にとめておいてほしいのです。

嫌な言い方をされれば、ムッとします。反論したり、抗議したりするのもいいですが、「おおらかに」聞き流すのも一つの方法です。

いずれにせよ、親たちのやりとりを子どもたちがどう聞いて、どう感じているかは、かれらの成長にとって、とても大事なのです。子どもたちは、また明日、保育園や幼稚園、公園でいっしょに遊ぶのですから。

3　友だちとのけんか：親編（3）

「息子がお友達をたたいたんですよ。本人に謝罪をしたというのですが、親としてはこれからどうしたらいいんでしょうか?」と小学校3年生の誠二さんのお父さんからの相談です。

原則は相手にまず謝罪です。子ども自身が「痛かったでしょう。ごめんなさい」と暴力の事実について謝罪をすることが重要です。親や先生は丁寧に謝罪することを教えなくてはなりません。できれば、親も一緒に謝罪した方がいいときもあります。

ただし「うちの子どもだけが悪いんでしょうか?」などと口に出してしまっては謝罪にはなりません。親が頭を下げて謝っている姿を子どもたちに見せることが重要なのです。

そのあと、自分の子どもの言い分や手を上げた理由など話をしっかりと聞くことが必要です。相手に意地悪なことを言われ、それに耐えきれず手が出てしまったということもあるかもしれません。それなら「つらかったねえ」となぐさめながら子どもの気持ちを受け入れていくことは親だけでなく先生が指導するときにも必要なのです。

しかし「暴力はいけません」と念を押し、他の方法を一緒に考えようと前向きに解決しなければなりません。いずれにしても力で相手を押さえつける暴力を容認することはできません。

一方、たたかれてしまった子はつらく悲しいですし、親は相手に怒りさえわいてくるでしょう。しかし、なぜ相手はたたいてきたのか？　避けることはできなかったか？　相手を無意識に傷つける傲慢な態度はなかったか？　とふりかえることも必要です。

丁寧な謝罪と反省、そして「うちの子もいたらないところがあったかもしれません」という謙虚な親どうしの和解は、子どもたちに仲良くすることの大事さを教えるよい機会なのです。

4　親を見て育つこともある

ある幼稚園の先生と食事をしたときに「近頃の親は困るのよね」という不満を聞くことになりました。

幼稚園の入園説明会のときの話でした。「とにかくうるさいんですよ」とあきれ顔です。さすがに携帯電話を使う親はいなかったそうですが、幼稚園の職員や先生が説明しているにもかかわらず、隣の親どうしで、話しているのです。質問が出るわけでもなく、ざわざわしたまま、説明会は終わったそうです。

小学校でも同じようなことがあります。授業参観、学級懇談会、宿泊行事の保護者向けの説明会などです。

私は「そこのお母さんたち、静かにしてくださいよ。お子さんたちよりやかましいですよ」と半分笑いながら注意していました。

先生の方もなかなか私のように「図々しく」注意できないようで、保護者の帰った後の職員室では「ホントにうるさいんだから」という愚痴をよく聞きました。

しかし、一方で、私自身が説明会などへ「親として」参加するときに、先生の説明の要領が悪かったり、声が小さかったり、スピーカーの調子が悪かったりと、聞かせる側にも、しばしば問題があるのです。

「下手な説明だからうるさくなるのはしょうがないでしょ」という言い方もできるかもしれません。しかし、幼稚園や学校の方と、保護者の方が、お互いに「相手が悪い」と言い出してしまったら、あまり展望のある話にはなりません。

とくに授業参観などでは、「やかましい親」は見ている子どもたちに良い影響を与えません。それでは「先生の話をよく聞きなさい」という言葉も子どもに伝わりません。

それから先生の方も子どもたちから「あの先生の説明ってわけわかんない」などと言われてしまうこともあります。

たかが説明会ですが、先生も親も「子どもたちに見られている」つもりで、よい大人としての手本になって欲しいと思うのです。

5　友だちに物を「取られた」…と思ったとき

理名さんは友だちと遊んだあと、自分が大事にしていたアイカツのカードが2枚なくなっているのに気がつきました。

お母さんは、一緒に遊んでいた友だちが、帰り際、ポシェットにカードを入れるのを見ていたのです。まさかと思いましたが、何も言わずにさようならしたのです。

理名さんは、あの子が持っていっちゃったかもしれないとお母さんに訴えましたが、どうしたらいいか、お母さんも困ってしまいました。

こうしたトラブルは低学年くらいまではよくあります。欲しくてしょうがないレアカードなど、目の前で自慢されると、目を盗んで、ついもってきてしまうということが小さな子どもでは、少なくありません。

「人のものを黙ってもってきていけない」と教えることは大切ですが「小さな子どもの場合、相手の親にどうやって伝えればいいか?」ということに悩みます。

まして、近所の仲良しだったり、同じクラスだったりすると、告げた後の関係がうまくいくかも心配です。

持って行くのを実際に見たときは、「ちょっと見せてくれる」とはっきりと確認すればよいのです。確認作業と考え、友だちのものと間違えないように親が関わるということです。

あとでなくなったことがわかったら、相手に電話して「家の子どものカードと、お宅のお子さんのカードが混じっていませんか？　家の子、なんだかおっちょこちょいですみません」と一歩引いて聞くことをおすすめします。

基本的に「疑う」のでなく「間違いを避けたい」というつもりで話します。後で出てきたり見つかることだってあります。それに相手を最初から疑うことも失礼です。

そして、ときどき子どもの持ち物を見て、友だちのものが混じっていないかを確認することも大事なのです。

親自身が持ち物に適度な関心を持つことが、トラブルを防ぐことにもなります。

6　卒業式の服装で個性を考える

「卒業式の服装で娘ともめまして」と紫織さんのお父さんが、苦笑いです。小学校の卒業式に着る服装について、紫織さんは袴で可愛く着飾りたいというのですが、お父さんはもっと落ち着いたシンプルな服装にしなさいと言い、けんかになってしまったそうです。

最近の小学校は、袴・着物の服装で卒業式に出る女の子や男の子が増えています。もちろん地域によっていろいろですが、私が最後に担任して卒業していった女の子たちは、半分くらいが袴でしたし、男の子も数人いました。

最近は、レンタルで着付けと髪のセット、記念写真もついて料金がリーズナブルで、利用する人も多くなってきているようです。

東京の友人に私のクラスの卒業記念のスナップ写真を見せたとき「名古屋はそんなんなんですかぁ！」とのけぞっていました。

しかし、袴も色々あって、色も鮮やかなものが多いですが、中には古風で地味ではありますが、落ち着き、きりりとした見事な袴の子もいました。

民族衣装の子もかっこよかったです。サッカーのユニフォームをみんなで着た子どもたちもいましたし、ヒラヒラスカートのコスプレ！という親子もいました。チャイナドレスもありました。

「厳粛な卒業式にふさわしい服装をお願いします」と保護者に伝えるのですが、実際は難しいです。どんな服装にするかは、子ども本人の気持ちと親の指導力、知性、常識そして品性にまかせるほかありません。

私が卒業式の朝、子どもたちの「衣装」に若干とまどっていると、察してくれた子どもたちが「先生、心配しなくて大丈夫、きっちりと立派な卒業式やるからね」と言うのです。そして「先生が卒業式に赤いジャージで出るんじゃないかと、ほんと心配してたんだからね」と子どもに言われました。

7　反抗期の声かけと身辺の世話

「ドアを静かに閉めなさい」と言って大げんかになったんですと、6年生の淳美さんのお母さんが、疲れた顔で相談に来ました。

「反抗期なんでしょうか?」と言うのですが、反抗期なら喜ぶべきところだと思います。他人事で無責任と言われるかもしれませんが、本当にそう思います。反抗期は大人への成長の一つなので、これ無しで大人になるのは難しいと思います。

ただし、反抗期をうまく平和に過ごすことも無理だと思った方がいいです。知らん顔していれば「無視した」「私なんかいなければいいんでしょ」とつっかかり、相手をすれば屁理屈の応酬で「お母さんは、私のことを何にもわかってくれない」と言いますから。

ですから、基本的には淡々とつきあうしかありません。何を言っても、納得はしませんし、いいなりになればエスカレートして、親を家来や奴隷にしてしまいます。

そういうときの対応としては、「それは無理」「ここまではできるけど、それ以上はダメ」「不愉快だからやめて」とあっさりと通告するしかありません。それで納得しなくてもやむを得ません。

とにかく、鬱積したエネルギーをなんらかの形で消費したいのです。相手をしてくれれば、だれでも良いのです。

まちがっても「あなたのために…」などと余計なことを言うのをやめた方がいいでしょう。子どものためにと思っていても、どこかで親は自分自身のためだったりすることが多いのです。子どもはそれを敏感に察知します。

また、イラつく我が子をなんとかしようと、その心を探ろうとすれば裏目に出ることも多いものです。

親は、しつこくない程度の必要な声かけと身の回りの世話を淡々としていれば、それで十分だと思います。

8　SNSの責任と危険性覚悟

「クラスの保護者が、親しくしている友だちの悪口をSNSで書き込んでいるのですが、どう関わったたらいいでしょうか?」と相談を受けました。

ラインやフェイスブックでのやりとりは、相当慎重になる必要があります。安易に感想を書き込んだり、断定的なものいいで論評して送信したりしてしまうと、過剰な思い込みや事実誤認などを招きかねません。

「親しい仲間内でのやりとりだから大丈夫」と言っても情報は一人歩きしますし、興味深い内容だとしても、それが重大な問題を起こしてしまうことがないとはいえません。

ラインの仲間や、フェイスブックの「友だち」は自分と同じ考えのはずだとか、賛成してくれるに違いないと勘違いしている人がいます。

子どもたちのSNSトラブルを見ていても、「なぜわかってくれないのか」とか「どうして賛成してくれないのか」などと勝手に思い込んでいる自己中心的な子どもたちがトラブルを起こしますし、気配りの足らない言葉で傷ついてしまう子どもも多いのです。

「拡散」されることは、確かな実務的情報や集会の案内などであれば便利な方法なのですが、あくまで不特定多数の人への情報提供です。発信者の品位や常識、慎重さも評価されます。

「情報を発信するときは自宅の玄関に掲示してもいいくらいの内容にすること」という責任と自由と危険性を覚悟する必要があります。

大切なことは、できれば顔を合わせ、表情や息づかいがわかるような環境で伝えたいと思うのです。そうでなければ、それは「ただの便所の落書きでしょ」と言われてもやむを得ません。

今回のような人の噂や誹謗中傷は「名誉の毀損」にもなりかねません。慎重さを欠く発信は墓穴を掘ります。

第四章　宿題・塾・部活はほどほどに

1　スポーツの習い事で気をつける

「姉が小学校の水泳で苦労したので、年中になった弟をスイミングスクールに入れようか迷っているんです」とお母さんから相談を受けました。小学校の水泳は1年間で10時間程度。多くはないのですが、水が苦手な子にとって、水泳の授業はつらいでしょう。せめて怖がらずに顔を水につけることができればいいのですが、不得意な子はそれさえ厳しいでしょう。お母さんがスイミンスクールに通わせようという気持ちも分からないではありません。

でも、スポーツの習い事は、競技性が強いので、親の方が勝ち負けや記録に執着し、子どもの気持ちを置き去りにしやすいという点に注意が必要です。子どもたちは、お母さんが喜んでくれるとか、ご褒美がもらえるという理由でスポーツをしている場合もあります。

ときには、伸び悩んだり、成果が出なかったりするときもあります。「行きたくない」と言い出すことも。親が結果だけ追い求めて「頑張れ」のリフレインでは子どもも苦しいのです。「あなたがやるって言ったじゃないの」などと子どもに言い、親子げんかが始まり、険悪な関係にもなります。なんのためのスポーツクラブかということです。

スイミングスクールも、とりあえず1ヶ月試してみましょう。次は3ヶ月続けて、さらに続けるかどうか相談するのです。また1年ごとに継続するかを再検討というように、段階をふんで、時々「続けるか止めるかを考えようね」と子どもと約束しましょう。やめるときはすっきりやめることが、次の成長につながることも多いのです。

体育教師でもある私は、スポーツ系の習い事は根性の育成よりも楽しさが第一だと確信しています。小さい頃は友だちといっしょに、いろいろなスポーツ・遊びに親しむことが一番いいと思います。楽しければ身体も心も丈夫に成長します。習い事に多くを求めてはいけません。

2 習い事をやめたいと言ったとき

5歳を過ぎた弘紀君のお父さんは、「へんなクセがつく前に早めに文字を習わせた方がいいんじゃないか」と考え、弘紀君を書写の塾に入れることにしました。

お母さんも、弘紀君は文字を読むことができるようになってきたし、書くことにも興味を持っているようなので、賛成しました。

ところが、入塾して半年、だいぶ慣れ始めたころ「塾に行きたくない、やめたい」と言い出しました。

やっと、鉛筆の持ち方や、姿勢などいろいろと基本的なことを教えてもらって、かなりよい字が書けるようになったのです、もう少し頑張れば、もっと上達するのにとお父さんもお母さんも思っています。

親としては、書写の達人や将来その道で立派になって欲しいなどというわけでなく、子どもが学校で少しでも困らないためにと思っているのですが、その気持ちが子どもにはなかなか通じません。

今は、昔のような鍛錬主義的な指導をする塾や習い事はずいぶん少なくなりました。ただ、目的が「上手になるため」ということに特化されてしまっているので、進級や上達が遅い子は苦労しています。

しかし、考えてみれば、塾や習い事は「上達が遅い」「苦手」だからこそやる意味があるのです。つまり、ある程度できるようになれば、やめる選択はあります。

上達することに喜びを感じるならば、どんどん練習することもあっていいでしょう。でも、そこその字が書けるようになったから、子どもがやめたいと言ってもおかしくありません。

それに塾にかける時間と、子どもの活動の広がりや遊ぶ時間とのかけひきもあります。塾や習い事は半年くらいごとに、継続か休止かを子どもと親で話し合い、相談するといいと思います。

子どもの優先順位と、親の優先順位をときどき確かめて、今は、何が大事かを考え直すことはむだではないのです。

3　家庭学習に必要なのは覚悟

「個人懇談があって、先生から、もっと家庭で勉強させてくださいと言われました」と敦くんのお父さんはちょっと困ったようすです。

家でしっかりと勉強させたいというのは、「永遠の課題」です。「家で勉強しない」子どもたちをどうやったら勉強させるようにできるかというのは、親なら誰もが教えて欲しいものです。

しかし、なかなか良い方法はないというのも事実で、私自身も担任をしている子どもや相談に来られた保護者に色々とアドバイスしましたが、誰にでも良い方法というのはありませんでした。

もちろん、世間には「家庭学習のさせ方」というたぐいの書籍など、ネット情報も含めてたくさんあります。しかし、やはり、自分の子どもにあう方法は簡単には見つかりません。

そこで、「学習塾にでも行かせよう」ということになりますが、なかなか効果が出ないことが多いのです。

私が「やる気が出ないと難しいんですよ」というと「やる気が出るまでまっていられません！」と怒りだしたお母さんもいました。

私は子どもたちに「勉強はしかたがないからやることもある」とよくいいます。高学年なれば特に「やる気がなくても、しょうがない。けれど、孤独にやらねばならないときもあるのだ」とも。

もちろん、なんのために学習するのかを話したり、ほめたり、ご褒美をあげたり、できることが楽しいと思える方法を工夫することは、教師である以上必要なことです。本来、学習は楽しいものだと思います。そうあるべきで、その方がいいに決まっています。

でも親としては、心のどこかに「学校の成績だけが人生じゃない」という確信と、「学校の勉強は面倒で、しんどいときがあって当たり前」という覚悟も、少しあっていいのではないかと思うのです。

4　外遊びを嫌がる子ども

年長組の七海さんは、外遊びが苦手で、寒くなると園庭に出ることも嫌がります。懇談会で、幼稚園の先生に「もっと外で遊ばせないと身体が丈夫になりませんよ」とお母さんは言われました。「家でも、本を読んだり、一人で遊ぶことが多く、なかなか外であそんでくれないのですよ。なんとか外遊びをさせたいのですが」とお母さんから相談を受けました。

私たち大人は、「寒くても外に出て運動する子が元気な子」というイメージを持っています。しかし、それも半分は思い込みのような気がします。すべての子どもたちがだれでも「外遊びが大好き」というわけではないのです。

子どもによっては、読書が大好き、折り紙遊びに夢中、あるいは、友だちと、あれこれおしゃべりするのが好きという子もいます。

それに、外遊びしないと健康になれないというわけではありません。もちろん、運動はある程度は必要でしょう。しかし、「運動して健康になろう」と思って子どもたちが外へ出ているわけではなく、「楽しい」から外遊びするのです。休み時間くらいは子どもたちの自由な選択に任せたらどうでしょうか。

子どもたちには個性があり、育ち方も色々。無理矢理外へ連れ出せばますます「運動嫌い」になりかねません。

太陽の光を適度に浴び、よい空気をすうことは、運動することと同じくらい意義深いことです。でも、それは、子どもたちの気持ちと折り合いをつけながらはじめてできることなのです。

欲張らずに、一緒に遊んだり、散歩、買い物へのお出かけなど、親が外へ出るように誘えばよいのです。

外に出るのがおっくうな七海さんも、大きくなれば、なかなか家に帰らず、親を心配させるようになるかもしれません。

5　部活動は上手な子だけでいいのか？

悠紀夫先生はサッカー部の指導で悩んでいます。今年のチームには、民間のサッカークラブに所属している子どもたちが何人も入っています。小さいころからやっているだけあって、みんな技術的には上達しています。

ところが、その中の一部の子どもたちが自分の技術を鼻にかけて、他の子どもたちに横暴に振る舞うことがあります。練習や試合を指導する悠紀夫先生にもあからさまな不満顔を見せます。特に、試合のスタートメンバーの選出には気を使ってしまいます。

しかし、部活動にはクラブチームには入っていませんが、サッカーが大好きで参加している子どもたちもいます。ところが試合になると、クラブチームの子どもたちだけでパスを回して、他の仲間を軽んじることさえあります。

こういう事態は学校の部活動でときどき起きます。サッカーだけでなく、野球やバスケットでもあります。

忘れてならないことは、小中の学校の部活動はあくまで勝利至上主義ではなく、みんなが楽しめるように運営する教育の場だということです。参加するみんなに楽しむ権利があるのです。

むろん技術が上達するように指導や運営の工夫をしますが、最後は勝敗よりみんながどれだけ楽しめたかが重要です。ですから、たかが技術的にすぐれているからといって「仲間を見下す」のであれば残念な子どもたちです。本当に優れている選手なら、うまくない子や頑張っている子を仲間として大事にして、いっしょに楽しむ知恵と優しさを持っているでしょう。

自分の技術に思い上がってプレーしているようではチーム力も低下します。そんな部活動の中では、いじめも起きやすくなります。たとえその子たちのおかげで試合に勝てたとしても、むなしいですね。

6　家庭での勉強より大切なこと

「学校から帰っても、家の中をウロウロして自由勉強や宿題にすぐに取りかからないのです。何かいい方法はないでしょうか」と4年生の梨理亜さんのお母さんに聞かれました。

しかし、学校から帰ってきたらすぐ机に向かうというような子どもは、かなり少ないと思います。

昔は、どの家庭も同じような生活のスタイルで動いていましたし、地域で共通した生活リズムがありました。しかし、現代では、家族のありかたも多様化し、家庭生活のリズムや流れも色々です。やはりそれぞれの家庭の毎日の暮らし方に合わせて勉強タイムを設定するしかありません。

最近は、友だちと約束して外で遊ぶということも、ずいぶん減りました。みんな塾や習い事があるので、うまく遊ぶ時間が合わないのです。

また、勉強する場所も、低学年の頃なら台所や居間のテーブルを使っていたでしょうが、中学年になると資料を使ったりして集中しないと、宿題の完成に時間も手間もかかります。

つまり、家庭での勉強は、生活全体の中で考えることが大切です。やるべきこととの優先順位をまず明確にしておくことです。

「食事、お風呂、睡眠」は優先順位が高いはずです。宿題や習い事をこれらに優先することは望ましいことではないように私は思います。

となると、次は「勉強」対「遊び、テレビ、習い事など」の優先順位の闘いということになります。あまり細かい、過密なスケジュールは子どもに酷です。実際にはなかなか思うようにはいかないものなのです。誘惑の多い中で宿題をやるのは子どもにとって大変です。より大切なことを優先し、ときには家庭学習をお休みすることもあっていいのかもしれません。

7　猛暑に無理しない部活を

暑すぎる日が続いています。暑すぎる日が続くと、夏休みの「水泳出校日」も中止になる学校が出てきます。とにかく温暖化なのか、今までの夏とは違う暑さです。暑さも「警報」で危険レベルだということが理解できないと、頑張ればいいとか、注意して練習すれば良いということで部活などを「決行」し、事故を招きかねません。

2018年の夏の酷暑では、学校だけでなく、教育委員会でも「大会・練習・授業の中止」を通知しました。これは現場で子どもを相手にしている先生たちから言えば当然のことなです。

ところが、充君のお父さんは、「なぜ、夏休みの部活中止なんですか」と疑問を持ち、充君も「せっかく練習してきたのに練習したいよ」と不満げです。

学校にはいろいろな子どもが来ています。体の弱い子もいれば、強い子もいます。しかし、集団で活動する場合には、その違いに対応できるような体制をとります。私も経験がありますが、遠足途中でギブアップしそうな子がいれば無理させず、すぐに車で迎えに来てもらいます。ちょっとした体調の不良を訴えれば、教員みんなが集まって相談します。そして、ほとんどは、「無理をさせない」という判断をします。

中には、「頑張るから続けさせてください」と懇願する子もいます。でも、いくら子どもの要望でも、取り返しのつかない事故が起きる可能性があれば、それを避けるという「予防原則」で考えてきました。「学校では、命をかけてまでやるようなことはありません」と私はよく言います。

子どものときは、小さなけがをたくさんすることで大きなけがを防ぐことができると私は思っています。でも、最近の夏の危険酷暑はいつもとは違う、未経験の事態です。今まで以上に、熱中症のことを学び、作業や運動には「臆病」になることが大切だと思います。

8　先生も部活動優先を見直す時期

「先生のお仕事って大変ですね」と親御さんに言われることがあります。仕事の大変さを分かってもらえるのはうれしいのですが、「はい、ええ、まあ」と曖昧な返事しかできません。

「先生の仕事ってブラックなんですか?」と子どもに聞かれたこともあります。学校における働き方改革に関する中央教育審議会の答申が2019年1月に出されました。読みましたが「うーむ、ほんとに改善可能かな?」というなるしかない内容で、教員志望はこれでまた減るかもしれないなあと思いました。

名古屋大学の内田良さんが部活動などによる教員の長時間労働について活発に発言しています。彼の言っていることを私はとてもよく理解できるのですが、反論もあるようです。

もともと部活は教員の本務ではないので、私自身、自分の子育てが始まってから、部活動指導をやめました。妻と分担して子どもの保育園の送り迎えをしていましたが、5時過ぎには学校を出ないと迎えに間に合いませんでした。

部活では、勝利をめざしつつも、優先順位の第1位は「みんなが楽しむこと」にしていました。ですから試合への参加も機会均等ということにしました。技術の未熟な子も、抽選や交代、話し合いで、試合に出られるように工夫しました。それは、部活も学校教育の一環だと思ったからです。

当然、活動を休むのも自由です。私も用事があれば他の先生に頼むか、活動を休みにしていました。土日に練習なんてとんでもありません。休日は家庭や地域で子どもは生活するべきでしょうと思います。

若い教員に聞くと「部活が終わってから会議があって」と言います。仕事の優先順位をもう一度考え直す時期に来ているのです。学校はいろいろなことを引き受けすぎなのです。

9　部活の打ち上げ会　大人不在なら参加させない

中学校1年生のあかねさんのお母さんはとても困っています。あかねさんは部活動でバスケットボールをしています。その部活動で「打ち上げ会」をするのですが、それが居酒屋で行われるようです。アルコールを飲むわけではないでしょうが、大人不在で、生徒たちだけの懇親会が催されるのです。

お母さんは、子どもたちだけの居酒屋懇親会はやめて欲しいと思っているので行かせたくありません。

ところがあかねさんは、それに参加しないと部活でいじめられたり、いろいろといやなことが起きると言います。顧問の先生も知らないようなので相談しようかと思いましたが、あかねさんに「絶対にやめてね」と念を押されてしまいました。

私は参加させるべきではないと考えます。本来、お酒を提供することが目的であるお店に子どもを連れていくこと自体、大人の良識を疑われてもしかたがありません。

それどころか、大人の付き添いもなく中学生だけで居酒屋に集まることは常識的にはまず考えられません。

さらに問題は、それに参加しないと部活内で差別的に扱われるなどというとんでもない空気が暗黙にでもあるとしたら、その部活集団はかなり問題を抱えていることになります。

顧問に連絡した方がいいですが、基本的に保護者の問題です。子どもに嫌われたくないから「許す」のだとしたら、正しい判断とは何かという問題から逃げるだけになります。親御さんたちに踏ん張って欲しいなと思います。

居酒屋はアルコールが飲めるようになってから、自分の稼ぎで、自由に行くべき所だと私は思います。

部活の中の自由と規律を維持するのは、子どもたちだけでなく、教員や親など、周りの大人の見識も重要だと思うのですが。

10 部活のあり方は包括的な論議を

私の講演が終わると、一人の母親がやってきて話を聞いてほしいといいます。「中学校2年生の息子が野球の部活に入っているのだが、練習が大変で家庭で学習ができない」ということです。「期末試験の10日前は部活は止める」ということを学校全体で申し合わせているのに、息子の部活の顧問の先生は練習をやるというのです。

似たような話をあちらこちらで聞きます。しかも、子どもと保護者に「テスト前の練習に異存なし」と念書まで提出させるらしいです。ですから、反対もできないということです。

なるほどなあと思いました。おそらく、子どもたちの多くは部活の方が勉強より楽しいでしょう。

親が「勉強しなさい」と言っても「その練習に出ないとレギュラーになれない」とか、「先輩として下級生にみっともない」あるいは、「みんなで頑張ろうね！　と言っているのに自分だけ勝手に休めない」などと反論するでしょう。

親はそれを子どもから聞いて、「でも、テスト前くらい、勉強が必要でしょう」と説得するのはかなりハードルは高く厳しいと思います。

私は、こうした顧問の先生の方法には全く賛成できませんが、おそらく「練習して強くなりたい」という素朴な気持ちなのでしょう。私が同じ職場なら職員会にかけて議論するでしょう。

学校として「勉強が大事だ」「テストの前くらいは一生懸命勉強しよう」という意識を持たせたいと考えるなら、学校の責任としても、それをすすめるべきです。「子どもの声」を受けとめつつ、「今は勉強に頑張れ！」と「指導」することが「本筋」だと思います。

「熱心」さや「善意」は、「同調圧力」を生み、ときどき暴走したり、冷静さを欠いたりします。異論反論を含めて論議することが重要だと思います。

11　宿題って義務？　はんぶんでもいいから努力してみる

「宿題が多くて、毎日遅くまで起きているので、寝るのが遅くて、朝ちっともおきてくれないんですよ」と蓮君のお母さんは困っています。

お母さんは、蓮君と一緒に宿題をやるのですが、漢字ドリルにしろ、計算ドリルにしろ、とにかく時間がかかるというのです。

「先生、宿題ってどうしてもやっていかなくてはいけない義務なんですか」と半ギレで、聞かれてしまいました。

結論的に言うと、宿題は「学校が勧める家庭での学習」ということになります。先生によっても、対応は様々で、「絶対にやりなさい」という感じの先生と、「できるだけやりなさい」「できたらやってきてね」まで幅は様々です。

ただし、宿題をやるよりも優先されることが家庭にあったり、時間がとれないほど忙しかったり、体調が悪ければ「できない」のですから、理由をちゃんと言えば、まず叱られることはないと思います。

問題なのは、宿題の内容が「理解できない」とか、「時間がかかる」という場合です。こういうときには、1時間くらい頑張ったら終了して「半分やってきました」でもいいと思うのです。まず、努力してやったことを認めてもらえることの方が、夜遅くまで親子でギスギスした関係で宿題をやるよりもうんといいと思います。

そもそも全員同じ量と質の宿題というのが無理なのかもしれません。私は、全部やるのが厳しそうな子どもには「奇数番号の問題だけでいいから、まずやってごらん」と言ってきました。

宿題は「先生のいない家庭」でするものであり、教師が宿題を出しても、「きっちりやらせる」のはなかなか難しいのです。宿題は、いろんな家庭の誘惑に打ち勝ちながら、自分自身で頑張る「孤独な学習」なのです。

第五章　友だち関係は難しい…でも成長する

1　女の子の仲間はずれ

「近所の女の子同士で遊んでいるのですが、ときどき仲間はずれにされて、泣きながら帰ってきます。」と3年生の佐織さんのお母さんは、悩んでいます。

女の子同士の人間関係は、とても複雑というか、面倒くさいというか、繊細です。「みんなで仲良く」というプレッシャーが強すぎて、言いたいことも言えなくなって我慢の限度を超えて問題が大きくなることもあります。

自分が仲間はずれにされても、なぜ仲間はずれにされるのか、本人にも意味不明なことがよくあります。

実は、仲間はずれにされるのは、特別な理由はなく、他の仲間の関係を維持するために、スケープゴート（生けにえ）になってしまっている場合がよくあります。

ちょっと、リーダーっぽい子が、「あの子嫌だよね」などと言えば、ほかの子は「そうだよね」と本意でもないのに同意するしかなく、なんとなく、仲間はずれにされてしまうということがおきます。

仲間はずれにされた子は、どうしていいか分からず、不安で疑心暗鬼になり、自分を責めることになります。

そんなときは、「友だちは、その子たちだけじゃないし、これから、もっと別の友だちができるよ」と励ましてあげた方がいい場合が多いです。

自分に問題があると理由がはっきりしていれば、反省して仲間に入れてもらえばいいと思いますが、納得できなければ、少しの間、友だちと距離を取る方がいいのです。

しばらくすると、仲良く遊び、あれはなんだったの？　と思ってしまうこともあります。

相手に問題があっても「受け入れようよ」と仲間の間で言えるような、寛容さと耐性のある子は良いのですが、だれかを排除してしか、仲間とつながれない子は、今後大きな問題を抱えることになります。

2　いじめリーダーはホントに「加害者」？

前項では仲間はずれにされた子どもについて書きました。難しいでしょうが、できるだけ気にしないこと、しばらく距離を取って付き合いは必要最小限にすることがよいということです。「友だちはこれから何人もできるし、一緒に遊んで辛くなるような友だちは、自分のためにもならない」と、周りの大人がきちんと知らせなくてはなりません。

では、仲間はずしをする側の子どもはどうでしょう。リーダー・ボス的な存在で、特定の友だちをつなぎとめながらも、いじめたり、からかったりする子にも実は、深刻な「悩み」があるのです。

こういう子は上手に仲間を「手玉にとる」力があります。ときに優しく、おだてて「親友」オーラを仲間にアピールしながら、突然、嫌な言葉で攻撃したり、嫌な役割を押し付けたりします。周りの友だちは、自分がいじられるターゲットにならないようにいつもびくびくして、その子の言うなりになります。しかし、はっきりと断ることのできる子には近寄りません。

仲間はずしをする子は、家族や学校で「自分が大事にされていない」という不満を持っていたり、親や教師、友だちに「自分ともっと関わってよ」という欲求を強く持っていることが多いのです。

また、みんなの前で威張っていても、自分もみんなからいつ見放されるかという恐怖感もあるものです。本当の意味で、自律と自立ができていません。

いじめ事件の中にはこうした友だち関係を重症化させた例もあります。

親や教師は、このような子どもたちの関係を加害者・被害者という視点だけでなく、何が正義かを示しつつ、「未熟な子ども」という視点で両者を可愛がり、手をかけるという気持ちを持つ必要があると思います。攻撃される側とする側は、逆転することがよくあります。不幸の連鎖をさせないことです。

3　同調圧力と向き合い悩める女子

喫茶店で、私は仕事で必要な本を読みながらノートを取っていたのです。隣に座った女子高生三人が、いきなりトークに入ります。ついつい聞こえてきてしまいました。

部活の顧問の誕生日に部員たちが、お金を出し合ってプレゼントをする企画があり、それに参加するかどうかが話題の中心のようです。

「私、今年の部活さ、ちょっとさ、なじめないのよ。なんかみんな『仲良くしています』ってわざとらしくするじゃない。」と直球で話しています。正面に座っている優柔不断を絵に描いたようなもう一人の女子が、「そうかもね、でも、誘われたら、私断れないよ」。三人目が「そうだよね、なんか自由の強制みたい」と言います。「6年生のときの『自由勉強』みたいじゃん！　ガハハ」「でもね、絶対におかしいよ。いい人だったら、参加して当たり前みたいなの…。だって、いろんな理由があるっしょ、参加できない理由なんて」。

悩める女子たちの真剣トークです。パンをかじり、ジュースをぐいぐい飲みながらの緊張した空間です。

「一致団結」「みんなで力を合わせて」「チームワークで頑張るぞ」「一人はみんなのために、みんなはひとりのために」という良きスローガンにあるもう一面の「同調圧力の横暴さ」にちゃんと向き合っている女子達にかなり感動しました。

部活顧問も子どもたちに誕生日を祝ってもらい幸せでしょう。同時に、彼女たちの異議や違和感にちゃんと気づく感性も持っていて欲しいなと願わずにはいられません。

「2学期、やばいなあ、学校いきたくねぇ」という悩める彼女たちを、私は小さな声で「君たちは生きている、頑張れぇー！」と応援しました。

4　バレンタインデーの楽しさと気遣い

小学校で高学年を担任していたとき、バレンタインデーにはずいぶん気を使いました。「学校へチョコレートを持ってきていいですか?」とぐいぐい押してくる女子。「どうせもらえないから関係ない」とぶっきらぼうにつぶやく男子。思春期の彼らの心は揺れます。

最近は小学校では「友チョコ」が多数を占めています。でも、もちろん、本命チョコ！　は健在なのですが。

低学年のお母さんからは、「センセ、作ってラッピングするのもけっこう手間がかかるのよ」とか「ひとりひとりに渡すのも大変なのよ」と聞かされます

お店で買うにしても数が多ければ金額もバカにならないのです。

子どもは、お気楽にプレゼントしていますが、親たちは「渡す子の線引き」に悩み、「もらったあとのお返し」に悩むのです。

小学校の高学年くらいなら、子どもたちにある程度お任せでもいいかもしれません。それでも、そのやりとりがもとで、友だち関係がうまくいかなくなるなどという面倒なトラブルもあるのではないかと考えると、親はひやひやします。

また、幼稚園のお友だちにあげるといっても、小学生のようにチョコレートを買うだけでなく、親が手作りすることもあり、手間もかかります。さらに「もらった」「もらわなかった」ということから親たちの心にもさざ波を立てることがあります。

大切なことは、「あげるときはお返しを絶対に期待しない」「もらったらしっかりお礼を言う」ということに尽きます。そして、高額なやりとりにならないようにということです。

意外と子どもたちはあっけらかんとしています。「高額さやブランドはプレゼントするその人の品位とは別もの」なのです。

バレンタインデーやホワイトデーには、子どもより、親自身の節度と、渡された相手への気遣いも必要なのです。

5　友だちづくりの困難

新1年生の勇君は友だちができるだろうかとても心配しています。

勇君は引っ込み思案で上手におしゃべりができないので友だちづくりは苦手だと思っているの

です。
お父さんにも友だちの作り方を教えてもらうのですが、いまひとつ自信はありません。お母さんは勇君の性格がよくわかっているのでとても心配で、家庭訪問のとき先生に話すつもりです。

たしかに、友だちは作ろうと思っても、いつも簡単に作れるものでもありません。少子化の影響もありますが、最近の子どもたちは「群れる」という友だちを作る機会が極端に減っています。

勇君も自分の家の近くでは遊ばないようです。習い事に通ったり、家の中での一人遊びが多くて、知らない子と出会うこともありません。クラスの新しい仲間と遊べるか不安なのです。

でも、小学校では最初に先生がかなり気をつかってくれます。ひとりぼっちの子ができないように、グループやペアの子どもの組み合わせを念頭におきながら学校生活を進めます。

低学年なら先生が「ひとりぼっちの子がいないように、みんなでさそいあって遊ぼうね」と、学習活動や休み時間に、こまめに声をかけるだけで、けっこううまくいくものです。おとなしい子でも友だちはできるものです。

ときどき、クラスの子にいたずらしたり、ちょっかいをかけたりする子がいますが、それは「友だちになってよ」というサインであることが多いのです。

先生も見守りながら、友だちと仲良く遊ぶためには、助けあったり、困っている子に親切にしたり、相手の言い分を聞いたりという「相互尊重」ということが大切だと教えるはずです。

6　親友は意外と「遠い」

高学年なると、親や先生が友だち関係に関わることはとてもむずかしいです。口を出すとうるさがられ、話を聞こうとしても、なかなか本当のことや本音を言ってくれません。

教室の中で、子どもたちの動きに、いやな雰囲気を感じ、聞いてみるのですが、「実は先生」なとど素直に話してくれることはまずありません。

「大人に信頼関係が持てないからだ」という人もいますが、「親や先生に心配をかけたくない」とか、「大人はわかりきったお説教しかしないし、大事になると面倒くさい」と思っている子どもたちもいます。「信頼関係」と「話しやすい関係」とは違います。

とくに女の子たちの関係は、かなり複雑で微妙に思えます。

昨日まで「親友」だったのに、今日は、スマホを使ったラインで貶めたり、陰口を言うときもありますし、その逆に、排除していた子を、すんなり仲間に入れたりすることもあります。

彼女たちなりの想いや考えがあるのでしょうが、時にはその間違いを指摘し、叱らねばならないときもあります。

「どうしても仲間に入れたくないのだけど、どうしたらいいか?」などと相談を受けることもありました。

こうした相談を受けると、私は原則と例外を分けて整理して伝えます。

原則は、顔を見ながら率直に話し合い、説明や抗議、謝罪、意見交換をし、理解できるまで時間をかけて努力する。無理なら、しばらく例外措置として適度な距離をとるしかないのです。

しかし、お互い理屈は整理できても、感情はなかなか整理できません。正しい原則を意識しつつ、感情をコントロールできるまで、時間をかける他ないのです。私も、話し合いに立ち会うことがよくありますが、子どもの成長に付き合うのは疲れるものです。

7 見えにくい子どもたちの気持ち

「新しいクラスで、みんなとうまくやれるかとても心配なんだよね」と文子さんはお母さんに訴えます。

新学期を前にして「友だちと仲良くできるか」という不安をかかえている子も少なくないのです。とりわけ女子にはその傾向が強いと思います。新しい学級で、だれと一緒になるかが一番気になるところです。

単学級では昨年度までの良い関係や悪い関係が4月からどうなるかで胸がいっぱいになると教えてくれた子どもたちもたくさんいました。

もちろん担任が誰かということも心配ですが、まず友だちです。仲の良かった友だちと離れてしまうとがっかりしますが、1ヶ月もすると大抵の子どもたちは新しい友だちができて、なんとかやっていけるようになります。

ただ、おとなしい子や控えめな子どもたちはちょっと時間がかかります。小学校なら担任がちょっと声をかけて自然にグループに入れるようにしたり、グループ決めで友だちの世話の上手な子と一緒にしたりします。

ところが、小学校の高学年や中学生くらいになると、それが簡単にはいきません。「この子とこの子は仲が良かったから助けあえるはずだ」と席を隣同士にしたら「先生、あの子とはもう離してくれませんか」などと訴えられ、担任の配慮や工夫が裏目にでてしまうこともあります。よく見極めて慎重に指導をすることが求められます。

表面的には「みんなで仲良く」しているように見えても、陰でいじめや差別が潜行していることもあります。子どもたちの多様な価値観や、生育の中で培ってきた考え方をバランスよくどうアレンジし指導するかは、教員にとって授業とちがった難しさがあります。

新学期の新しい友だちとの関係は、大きな「教育環境」でもあるのです。

第六章　家族と子ども、性のこと

1　孫育ては応援に徹するべし

「おばあちゃんは私の子育てが気に入らないらしくて」と苦笑いの俊太郎さんのお母さん。俊太郎さんは年中さんで元気いっぱい。でも、しつけが行き届いていないと言われ、それは母親である嫁のせいとおばあちゃんからよく注意されるようです。

最近のおばあちゃんやおじいちゃんは、「孫育て」にはあまり関わらずに自分の生活や趣味を重視して暮らしている人も多くいます。祖父母も高齢化していますから、いつまでも孫のことにはかまっておられません。

でも一方では教育熱心で、「自分の子育てにはしっかり頑張った」という過剰気味の自信から、若い母親に厳しく「指導や意見」をする人もいるようです。

勢い余って「こんな子はウチの家系にはない」などというトンデモ発言まで飛び出すこともあります。

こういう軽率で無神経なおばあちゃんは孫育ての上でもあまり歓迎できません。

上から目線で欠点やいたらないところばかりを批判されてもお母さんの元気は出ませんし、子どももおばあちゃん嫌いになること必至です。母親には「励ます」言葉が一番なのです。

嫁いじめや娘いじめが根っこにあるようなおばあちゃんの言葉は、はっきり言って「無視」するしかありません。「反論」も面倒で疲れるだけです。

最後は親が子育ての責任を取るしかないのですから、前向きでない、かつ誹謗や中傷がまじったような意見は無駄以外の何ものでもありません。

時代も環境も違うところで、昔の子育て自慢をされても困ります。

おばあちゃんやおじいちゃんは疲れた母親を休ませてあげるために孫を預かったり、病気のときに面倒見てあげたり、家事をしたりと必要な時に役立つことが大事です。

おばあちゃんとお母さん、家族がもめているのを子どもたちが目の当たりにすることが一番問題なのです。夫もきちんと父親として「首をつっこむ」べきなのです。

親子を「応援する」という態度がジージバーバには一番必要なのです。

2　父親も家事・育児を！

お母さん達と雑談をしていると「うちの旦那は家事育児に関わったことがない」「私が病気で寝ていても平気で『夕飯できないなら外食してくるね』って出て行くんです」と怒りの声を聞きます。

流行のイクメンなどどこにいるのかしらと、不満はふくれ上がります。

家庭で父親が育児家事を分担するのは当然のはずです。とりわけ共稼ぎであれば、とりあえず半分ずつを目指すのが原則です。

私自身も結構頑張ってやってきましたが、なかなか半分とまではいきません。30年前、私は「男性にも育児時間をくださいよ」と言って世間を驚かせてしまったのですが、今では、ちゃんと男性にも育児時間が法整備されてうらやましい限りです。

半々にこだわっているわけでは無いのですが、共稼ぎのハードワークだったので、妻が倒れたらその看病もすることになる、という危機感もありました。それで、お互いに助け合わないとやっていけないなと思ったのです。

お母さんが外の仕事をしないで、家にいても同じことです。四六時中、子供の世話をしながら家事に従事することのきつさは、並大抵ではありません。夫もやってみることをすすめます。ただし一ケ月間は最低必要ですけど。

パートナーの応援やいたわりは、一緒に暮らすときの最低条件です。「家事も育児もできない男はこれから大変だぜ」と、教室でも私は、子どもたちに言い続けています。日ごろから、男の子にはしっかりと家庭の仕事ができるようにさせたいと思うのです。

さもないと将来結婚しても、妻をお手伝いさんや世話焼きの母親と勘違いするような、甘えん坊な夫（父親）にしてしまうような気がします。

「男は立てて」もらわなくても、ちゃんと自立できるようにしたいのです。そのためにも、パパはできるだけ家事育児を分担して、息子たちの良きモデルになって欲しいのです。

3　思春期の寝室は親と別？

「6年生なんですけど、まだ一緒の部屋で寝ているんです。いつ頃から別室で寝るようにさせたらいいのでしょうか？」とお母さんから相談がありました。

浩太君は一人っ子で、お父さんもお母さんもとても可愛がっています。

一緒に寝ていて、困ったことはないようですが、周囲のお母さんたちにそれとなく聞いてみると、男の子たちは、ほとんど別室で寝ているようです。浩太君のお母さんはとても心配になってきました。

子どもたちには個人差があります。性格から顔立ち、感受性から意欲まで様々です。とりわけ、いつまで親と一緒の部屋で寝起きをするかということは個人差が結構あります。

それは、本人の意識だけでなく、家庭の習慣や、生活のスタイルなどいろいろな理由や原因があります。

しかし、これればかりは、「規準」があるわけではありません。いきなり「明日からは、別の部屋で寝なさい」と言われて、平気な子もいれば、「なんでえ？」と疑問や不安を持つ子もいます。

ただ思春期がはじまるころには、家庭の環境が許されれば別室が良いと思います。それは、自分だけの空間と時間を持つことで自立への準備ができるからです。

一番いいのは、「来年の4月からは中学生なんだから一人で寝なさいね」と準備段階をおいて別室への移動を決めることです。理由を聞かれたら「これも大人への準備よ」と言うしかありません。しかし、別室へ行くことになって、一番悩みが増えるのは親の方です。今までよりも、目が届かなくなることは間違いありません。

子どもが別室で生活する時間が増えるということは、それだけ子どもが成長することです。しかし、一方で親の方も子どもから少し離れるということを覚悟することでもあります。今まで以上に、面倒でワケわからん子どもたちと根気よく付き合うということでもあるのです。

4　世話される男子は自立するか？

いつも女の子にくっついて遊んでいる昌義さんを、男の子としてちょっと情けないとお母さんは思っています。

5年生になってからは、学校から帰ってから女の子と遊ぶことはなくなりましたが、授業参観日に昌義くんが同じ学級の女の子数人にいろいろと世話をやかれている姿を見てしまいました。

最近は大人だけでなく、子どもたちの間でも「女子力」が「男子力」を凌いでいると、良く見聞きします。

確かに小学校の学級活動、児童会やクラブ活動では、男子より女子の方が元気で目立つことが多いような気もします。小学校くらいまでは、女子の方が、心身の成長が早いということが、かなりはっきりとしています。

また、「女は女らしく」とか「男は男らしく」という考え方は少なくなりました。女であれ、男であれ「自分らしい表現」やコミュニケーションの方法を身につければよいのですから、あまり性別にこだわる必要はないのです。

昌義さんも、女の子の助けを借りられるくらいの「友だち力」があるんだと思う方がいいと思います。

いろいろと細かく世話をされる息子さんが歯がゆいというお母さんの気持ちも分かります。でも、そうした経験を積み重ねて、自分のことは自分で工夫し、頑張り、ときに助けを求める「生活力」が身につくのだと思います。

お母さんとしては、世話をしてくれる女の子に感謝しつつ、「息子よ頑張れ！」と応援するしかありません。いつかは、そういう女の子と距離をとり、自立していくはずです。息子の家庭での暮らしぶりや、親の子育てをふりかえるよい機会だと思ってください。

とりわけ男の子は親からの、とくに「母親からの自立」が思春期のテーマでもあります。それは同時に、母親にとっては「息子からの自立」なのです。

5 親子の約束は守れるか？

「夜は7時から勉強しようねと子どもと約束をしても、すぐに破ってしまうんです。破ったら罰を与えようとするのですが、なかなかうまくいかないのですよ」6年生の息子を持つ洋司くんのお母さんは困っています。

そもそも約束というのはなんでしょうか。子どもの話を聞くと、かなり一方的な内容の約束を親からさせられていることも多いようです。

先生の中にも意外と多いのです、一方的な約束が。「約束は破るためにある」と、ちょっと突っ張って言ってみたくなります。

そもそも約束はお互いの同意と守ろうとする意志が必要です。内容は、お互いが守れそうな内容にする必要があります。

約束を反故にしてしまうくせがつくと、厳しい罰があっても、なんだかんだといい加減になっていきます。

以前、担任している子が「1日に1時間勉強をしたら、ゲームソフトを買ってくれるって、お母さんと約束したよ」と言うので、「君の場合なら30分くらいにするべきだよ」とアドバイスしたことがあります。

親にとっては、1時間も勉強してくれたらうれしいでしょうが、彼にとっては、まず無理だと思ったからです。無理な内容で約束をすると、ケンカのもとになることは確実です。

案の定、3日目に、日記には「親とケンカした」と書かれていました。

約束の内容は、守れそうな範囲にするべきです。なぜなら、約束は信頼関係そのものだからです。守れなければ、お互いのプライドが傷つきます。無理な内容なら、約束は難しいと思いつつ、親は余裕を持って見守るべきです。そんなときには、破ったときの罰などもってのほかです。

約束はお互いのプライドと、相手の力を推し量る賢さがためされるのです。

6　自律って自分の決めごとをつくること

家庭訪問のとき担任に「満里奈さんは自律していませんね」と言われてしまったのですが、どういう意味かよく分からないんですと、6年生の満里奈さんのお母さんは困っています。

家庭訪問というのは、担任と親が一対一で話す最初の機会で、とてもデリケートな「出会い」です。お互いに大事にしたいのですが、そんなことはお構いなしの先生もいるようです。

そういうときに、あまり難しいことを担任に言われても、お母さんが困るのは当然だと思います。

「じりつ」は自律と自立の二つがあります。辞書で調べてもいいと思いますが、私は高学年になるとこの二つについてよく話をしました。

もちろん分かりやすく話さねばなりません。当然ですが、子どもたちが納得できるようでないと、先生や親の気持ちは伝わりません。

そこで、こんなふうに話します。まず、「自立」は親に面倒をかけずに生活すること。授業の準備や着替えなど自分ですることです。将来的には、自分の稼ぎで生活できるようになること。親をあてにしないで暮らすことです。困難なことや障害があれば、社会福祉制度など他者の力をうまく使って生活することになります。

「自律」は自分が判断したり行動したりするときに、自分の中に基準となる「決めごと」を持って、感情や気分だけで判断して行動しないことです。

人の意見に左右されずに、自分の中の「正しいと思われる決めごと」に照らして、自分の行動を決めることです。

たとえば、人の話を聞くことが大切で正しいと自分で考え、決めたのなら、気にいらないことを言われても、まず相手の話を聞くことです。それから、きちんと反論することです。

自分で望ましい決めごとを決める力を持ち、それに従って行動できれば「自律している」と話します。自律は大人にとっても難しい課題ですけれど。

7　愛情不足？ って無遠慮な言葉

小学校2年生の秀佳君のお母さんは家庭訪問で先生に言われたことが気になってしょうがないと相談に来られました。

先生に「お母さん、秀佳君は愛情不足なのではないですか？」と言われたというのです。お母さんは自分の仕事が忙しいとはいうものの、精一杯子どもを可愛がってきたつもりです。「どうすればいいんでしょうか、自分はダメ母なんでしょうか」と落ち込んでいます。

この「愛情不足」という言葉は、子育てをしている親に対して、無遠慮に厳しく斬りつけてくる言葉です。

なぜなら、子育てに「愛」が「不足」しているなんてことは、決してあってはならないことだとみんな思っています。しかし、「愛情」があるといっても、実際にはどんなことかそれほど具体的には理解していません。

自分の子どもが手のかかる子であれば、ただでさえ先生に「申し訳ない」と思っているところへ、「愛情不足です」と言われては立つ瀬がありません。

親は生活者として、忙しいのですが、子どもを放っておくこともできません。それなりに工夫して子どもの世話をしたり、気を配ったりしています。

いつも子どもとべったりしているわけにはいきませんし、ときには「ちょっとごめんね」と言いながら、親の都合を優先することもあるでしょう。それが、生活というものです。「愛情不足」というよりは、「お母さんも大変でしょうが、精一杯、子どもを抱っこして相手をしてあげてくださいね」と励ますべきなのです。

お母さんも「愛情不足」などと気に病まず、まず、子どもの「かまって欲しい」という気持ちを受け止めることから始めればいいのです。

8　修学旅行のグループ分け

思春期に入り始めた高学年女子にとっては、友だちとの関係が「世の中のすべて」だと思えるときがあります。

友だちとうまくいかなければ、勉強も部活も、児童会や委員会の活動も手につかないということもあるのです。

ですから彼女たちは修学旅行の見学グループ、観光バスの座席、宿での部屋割をとても重要だと思っています。

過ぎてしまえば、なんてことはない笑い話になるようなことも、リアルタイムでは「黄金時代の一大イベント」の成否を左右するものとなります。

4月の担任発表と同時に「先生は、どうやって、グループや班のメンバーを決めるのですか？」

と聞かれることさえありました。もちろん女子、とりわけキャラ立ちしている女子たちに。

当然ですが、修学旅行は社会科としての目的があります。しかし担任としては、学級の友だち関係を左右する一つの山場でもあるとも考えます。ここで、楽しく充実した修学旅行ができれば、学級は卒業に向けて、良い雰囲気で進んでいけるとも言えるのです。

子どもたちは「メンバーは自由に私たちで決めたい」と希望することが多いのですが、そのときは、孤立しがちな子には、先に気持を聴いてリーダーが調整します。ときには担任がアドバイスしたり、対案を出したりします。

誰もが、気の合う子や仲良しとグループを作ることができれば「満足」かもしれませんが、限られた人数や部屋の制限の中では、ある程度の「我慢」も引き受けなくてはなりません。

そんなとき、「我慢」を他人だけに押し付けず、自分も「我慢」しながら前向きにとり組もうという気持になれる子には、「立派な態度だよ」と賞賛します。難しいことですが、その困難さと向き合うことで、人としての成長を私たち大人は期待するのです。

9　親との会話が激減でいいのか?

6年生の風真君は、お父さんやお母さんとほとんど口をききません。友だちとの電話のやりとりや妹との会話を聞いていると元気にお喋りをしているのに、父親や母親とは、なぜ話をしないのか不思議でなりません。

私も担任としてときどき話しかけますが、うるさがられていることがよくわかるので、最近は必要なことと、朝のあいさつくらいです。

学校のことや友達のことを聞いても「別に、フッー」とか「知らない」「分からない」と味も素っ気もない返事ばかりです。小さい声で「うるせえなあ」と言うこともあります。

父親としては、なんとか子どもと円満にコミュニケーションを取りたいですし、大事なこともきちんと話してくれるだろうかと心配でもあります。

一方で、うるさいほど家族でおしゃべりして、にぎやかな家庭もあります。しかし、それはどちらかというと珍しい方でしょう。

小学校高学年くらいの思春期前期に入ると、大人とはあまり会話をしなくなるものです。とりわけ、親や先生との会話は激減します。

子どもたちがいくら悩んでいても、親に話せないこと、話したくないことはあります。親としては悩んでいるなら話してくれればいいのにと思うのですが、子どもの側からは逆で、「悩んでいる」からこそ話せないのです。

なぜなら、まず「親に心配をかけたくない」ということ、次に「悩んでいる自分はみっともない。それを親に見せたくない」ということです。一つ目は、親への気配りから、二つ目は子どもの自尊心からです。

この二つは子どもが自律するための重要なステップです。決して悪いことではありません。それならば、どうやったら親子の会話が成立させられるのか、次回はそれを考えてみます。

10　ピンチ救うには弱者受け入れ

子どもが思春期に入ると親との会話が成立しにくくなると前に述べました。とくに自分の悩みや欠点について、親にはなかなか話しません。

友だち関係や部活、学習などで問題を抱え込んでしまった子どもに手を貸したいという気持ちは、どんな親にもあります。

とりわけ、いじめに関わっている場合は話して欲しいと思います。しかし、子どもたちは自尊心や恐怖心など複雑な心境で、なかなか言い出せません。まれに、子どもの様子をみて、何か変だと分かることもありますが、それを察知するのは至難のわざです。

では、どうしたら子どもたちは親に話をしてくれるでしょうか。

親のできることは、無駄を覚悟して、「君を心配している。いつでも相談してくれ」と、声をかけ続けることです。たとえ百回に一度でも、子どもの琴線に触れれば、応えてくれると期待して。

子どもがピンチのときに、親からのひとことで扉が開かれることがあるかもしれません。

しかし、もう一つ大事なことがあるのです。それは、親は常に「弱者への思いやりとやさしさ」を態度として子どもの前で、示しておくことです。

なにかにつけ「弱虫ではダメだ」「勝たなければ意味がない」と勝者や強者の論理だけを語っているのでは、子どもが自分の悩みや弱音を親に話せるはずはありません。

親は、誰にも長所や短所があり、多様な価値観を持つことの大切さを説き、「誰だって弱音ははくものだ」「どんな人も助け合いながらしか生きていけない」という事実を折に触れ、生活の中で示しておくべきです。子どもの周囲にいる親や教師だけでなく、社会全体の課題でもあるのです。

11　男子にも性教育の機会を

先日、理科の授業で、高学年の子どもたちに性についての話をしました。教科書にも赤ちゃんの誕生や、人体臓器の学習があるので、良い機会だと思ったからです。

家庭訪問で「男の子には性についてなかなか話しづらいので、困っているんです」というお母さんはよくいます。

「男の子の場合、お父さんがきちんと話をすべきです」と言われてもなかなか難しいですし、シングルマザーでは、もっと難しくなるでしょう。

私は、高学年の男子には、機会をねらって、男性の性の仕組み、精通から、性に関する暴力・犯罪などのことを教えてきました。

女子は、初経指導がありますが、その間、男子は、別の課題を与えられ、別室で「不可解」な時間を過ごしています。しかし、男子だって性について学んでもらうべきだと思います。

先日も5年生の男子に1時間、「性の成長」という話をしました。真面目ではありますが、できるだけなごやかな雰囲気で話しました。

精通がはじめてあるときは、おそらくとてもびっくりするはずで、それが普通の成長だと知れば安心できます。

また、性暴力は、性差別が大きな原因だとも思います。性の暴力は個人の身体と尊厳を傷つけることです。女性蔑視や差別は、男性の性の性衝動のコントロールも難しくすると考えられます。

ときには、男女一緒に、身体の成長や性器の仕組みや働きの違い、性に関わる男女の問題など、いろいろな側面から学習し、男女で話し合う方がいいと思います。

さらに性的マイノリティーのことなど、視野の広い「性教育」がとても大事な時代です。小さいころから、性についてまじめな話を何度もすることは、大人の役割でもあると思うのです。

12　男の子はつらいよ

「男の子は強くなくっちゃだめなんだよ」とお父さんに言われた6年生の幹彦君はちょっと不安です。

学級では女子が強いし、意見もはっきり言い、男子に比べるとすごく大人っぽく感じています。最近あった児童会の役員選挙でも、圧倒的に支持を得た郁代さんが会長です。幹彦君は、強くなれって言われてもむつかしいなと思います。

子どもたちだけでなく、最近は「男子問題」ということで、男性が生きづらくなっていると言われます。でもそれは、女性が強くなったということではないと私は思っています。女性が当たり前の権利意識や立ち位置につくことが多くなったということです。

男子は「立てられていた」のですが、それは、別に男子が自立していたのではなく、女子の献身と犠牲的態度に支えられていただけなのかもしれません。

十分とは言えませんが、現代は女子と男子が同じスタートラインにつきはじめているということです。

ですから、男子はこれから、どうやって自分らしさを創造し、自分の思いや意見をきちんと表現するのかという課題を突きつけられているのです。

父親が母親に対して差別的だったり、依存的だったりすると、男の子のモデルは貧弱なものになります。ましてや、暴力的で威張り散らすようなモデルなら、さらに残念な結果になるでしょう。

今や、男子や女子の区別なく、それぞれが尊重し合うよう努力することが、子どもたちに強く求められています。

男子が力任せに女子を威圧することは許されませんし、同時に女子も男子に対する乱暴で品位を欠いた物言いや態度は許されません。

お互いを尊重し、人としての敬意を持って接することを、私たち大人は子どもに見せなくてはなりません。

13　男だって弱音吐いてOK

勇君のお父さんが「新年の挨拶を家族の前でしたら、子どもにどん引きされて」と苦笑いです。「つらいことをぐちゃぐちゃ文句いうやつは弱いやつだ。男ならもっととことん頑張れ！」と、お酒の勢いを借りて、一喝し、励ましたというのです。お父さんの気持ちも分からなくはないですが、たしかに子どもは引いてしまうでしょう。

子どもたちとかかわりながら気付くのは、女子にくらべて男子は「つらい」「悲しい」「寂しい」という感情を、男として表現してはならないものと考え、口に出すことをためらうことです。

とりわけ男性は「つらい」「悲しい」などというと自分の評価が下がると想い、それを飲み込んでしまうことが多いような気がします。

子どもも思春期に入ると、現実的な自分の力や意欲をだんだん自覚できるようになります。成績だけでなく、性格や、自分の興味などもどこにあるのかも分かります。つまり「自分とは何か」が分かってくるのです。

誰しも、人生では飲み込めないほどのつらい気持ちや困難に必ず直面するでしょう。そんなときに「つらい」とか「悲しい」という気持ちを口に出し、それをしっかりと受け止めてくれる家族や友人がいることは、次への勇気につながりますし、励みになります。

常に「がんばれ」だけの励ましでは疲れ切って、それに向き合えない自分を否定し、沈黙するしかありません。

親の望みに「従順に生きる」ことが「よい子」だという考え方は、本来の自律には至りません。いつも勇ましい話だけでは、八方ふさがりになってしまいます。弱音を吐きつつも、自分にあった方法を見つけ出しながら、強くしなやかに生きるということも大事なことなのではないでしょうか。

14　思春期の反抗と間違い認める大切さ

「注意すると、すぐへ理屈を言います。いつもなんだかんだと言い逃れ、オレは悪くない！　なんです」と6年生の伸太郎君のお母さんは嘆いています。

ひとこと間違いを指摘すれば、十こと、二十こと返ってくるのが思春期の「反抗」です。でも、その一つ一つに反論したり、言い負かしたりする必要はありませんし、疲れるだけです。「へ理屈を言うんじゃない」と言い放っても、それは、親が負けを認めているように子どもは受け止めます。

親として間違っていることや、許せないことははっきりとダメ出しをするしかありません。しかし、いつもダメ出しをしていると、ダメ出し効果も薄まります。

また「論争」するならば、落ちついて、じっくり話す環境を作ってからです。興奮したり、怒りにまかせて、お互いが怒鳴り合うというのは、着地点を見ないで飛び降りるようなもので、お互い気分が悪くなるだけです。

素直に自分の間違いを認めるというごく普通のことが、思春期ではなかなかできません。なかでも、自分の損得に強くこだわって育ってきた子どもはとくにそうなります。

潔く自分の誤りを認めるということは、市民社会で信用を得て暮らしていくための「基本」なのです。

親自身が正義や公正に真摯に向き合い、暮らしの中で行動すること。そして、子どもの言い分をまじめに受けとめながら、折に触れて繰り返し正義や公正の大切さを伝えることです。

謝罪すべきことに謝罪できないということは自分自身を否定し、自らをおとしめることになるということを私たち大人も自覚したいものです。不正や欺瞞で満ちた社会や家庭・学校では、子どもも成熟しません。

15 生と死、怪談や幽霊の本

4年生の理恵さんは、とても恐がりです。ときどき夜も恐くて一人で寝られないと訴えます。「恐いものは恐い」のですからしょうがありません。お母さんも寝付くまでは一緒にいてあげるしかないと思います。

大人だって恐い物はたくさんあります。だれのせいでもないし、それはそれでしかたがないのです。

「先生、恐い話をしてよ」というリクエストをする子どもたちも多いのです。しかし、「怪談」も、子どもたちの年齢や恐がりの程度を見極めながら話さないと、翌日に、保護者の苦情や抗議の連絡帳が山のように来ます。やりすぎはいけません。

私は今、妖怪や幽霊の本を机の周りにたくさん広げ、夏休みの特別授業の内容を考えています。

テーマは「恐いだけじゃない妖怪と幽霊」です。

妖怪や幽霊と自然や人間の暮らしとの関係などを楽しく学んでもらおうと調べながら計画を練っています。

最近はお盆でもお墓参りをする家庭が減っています。「死」が日常的に、あまりにも遠い存在になってしまっていることが、逆に「生命」の意味を深みのないものにしてしまっているのかもしれません。それは子どもたちにとって不幸なことではないかと思います。

理恵さんのように暗闇を怖がるのは人間としては自然なことですし、物語に出てくる妖怪のように、目には見えない何かと自分がつながっていることを想像することは、共生社会を創造する基本だと思います。

「怖がることができる」というのは人間に与えられた自然からの贈り物だと思います。いつまでも明るすぎる今の日本では、本当の暗闇を知ることができないのかもしれません。

16　思春期息子の母への甘え

ときどき舞い込む保護者の相談で多いのが、母と思春期突入の息子との関係です。

小さい頃は宇宙人みたいに不思議がいっぱいの自己中満開でしたが、まだ可愛かったのです。ところが、思春期に入ると「うるせぇー」「ババアはあっちへいってろ」というような汚い言葉を吐かれて、ひどく落ち込むという話を母親達から聞きます。

しかも、「弁当がまずいんだよぉー」などと、嫌なことを言われてしまうと、「じゃあ自分で作れば」と怒りながらも、やはりまた翌朝には作っている…という切ない話を聞きます。

外から見ていると、「作ってやらなければいいんだよ。そうやって甘やかすからダメなんだ」という正論しか聞こえてきません。

ただ、当事者のお母さんは、「本当に、お弁当作らなかったら、子どもが可哀想だし、それで困っても誰も助けてくれない」と思うはずです。

私は、怒りながらも、作ってあげればいいと思うのです。つまり、息子は甘えているということに尽きますし、自分の成長には親の世話や働きかけが必要だということにすぎません。それが分かっているけれど、それに素直になれないというのが思春期です。

弁当づくりを拒否したときに「親に見放された」という気持ちを子どもが持つことは、この先あまりよい関係を生むとは思えません。息子が、その甘えや依存に気づき、時間はかかりますが、自立へ踏み出すときがきます。

「作ってあげるけど、お母さんはとても不愉快なの。すごく怒っています」ときちんと伝えて、あとは、淡々と世話することでよいのではないでしょうか。ときどきは「自分でつくってみなさいよ」と言って見るのもいいのです。

17　思春期の娘のやっかいさ

母親と思春期の娘の関係悪化をどうしたらいいかと相談されることがよくあります。

母親は、息子より娘の方が自分のことを「わかってくれるはずだ」という思いがあります。息子に比べ娘に「同士」「仲間」のような存在を強く期待します。ときには母と娘が連帯し、父親や息子と「闘って」くれることさえあります。母親にとって娘は頼もしい存在です。

一方、父親の方は娘が思春期に入ると、突然、遠い存在になり、面と向かって「オヤジ」と呼ばれたり、「キモイ」と揶揄されたりすることすら珍しくありません。だんだんと父親の男の性に距離を取るという、これも普通の成長にすぎません。

しかし、仲のよかった娘が突然、母親に対し「くそばばあ」などときたないことばを投げつけるようになったとか、学校のことを聞いても話さなくなったとか、何を言っても無視するということがよくあります。

娘にしてみれば、自分に対して「こうして欲しい」「こんな娘になって欲しい」という母親の要求を強く感じ、苦しくて嫌になるのです。たとえ母親がそんなつもりはなくても、自分へのコントロールや拘束として強く受けとめてしまいます。

それに加えて、お母さんの一生懸命な世話に大盛りの「あなたのためよ」を感じて重荷になるのです。

女の子たちはよく言います。「女だからってさ、私のことをお母さんがみんなわかってるわけじゃないしぃ」と。

母親は娘の味方でもありますが、将来の「女としての自分」でもあり、母親の姿をどう受け入れるか悩みます。できれば、母親は、思春期の娘から視線を少し外し、適度に距離を取って、離れることを私は薦めています。

18　父親の家事・育児で家族はたすけあう

父親から「娘にちょっと厳しく叱ったら部屋に閉じこもって私とは話をしなくなってしまったんです。どうしたらいいでしょうか」とかなり慌てた調子で相談が続けてありました。

６年生の美優さんは宿題をやりなさいと注意したお母さんに「うるせー」と乱暴な言葉で言い返し、それをお父さんが叱ったのです。

このとき、父親と娘さんの間を調整するのはとても難しいことです。娘さんが思春期に入っていると、しばらくはぎくしゃくした関係になるでしょう。

父親が叱ったことが悪いわけではないのです。目の前の暴言を知らん顔はできません。娘さんも自分の言い方がいいとは思っていないでしょう。ただ今は、お互いが冷静になるまでは話しかけない方がいいと思います。

小さい頃からの父親と娘の関係の積み重ねがこういうときに確実に出てきます。日頃、帰りも遅く母親任せで、家事育児や家庭生活にほとんど関わらない父親が突然叱り出せば、「いつもめんどうな家のことを全部お母さんにまかせているくせに偉そうに言うな」という気持ちになるのは当然です。

私は、日本の夫の家事育児に関わる質と量が世界的に見ても圧倒的に少ないのは子どもとの関係でもかなりまずいことだと思っています。

「父親は頑張って外ではたらいているのだから、子どものことは母親がするべき」という劣化した考えは、将来的には妻や子どもたちとの関係を危うくします。家族の危機に際し「俺はなんのために頑張ってきたんだ」とつぶやく父親を私は何人も見てきました。

子どもが小さい頃にも、家事育児から逃げないで、父親が積極的に、努力して関わるということは、実は将来の子どもや母親との関係を幸福なものにする必要不可欠なインフラなのです。

19　学校でも家庭でもまず大人が襟を正そう

「授業中私語が多すぎるので家でも、しっかりと注意してください」と担任に言われ「なんどもしつこく注意しているんですけどねえ」と困っているお母さんです。

学校のことをお母さんが注意や叱責しても限界があります。家で注意できるのは「忘れ物をしない」「提出物や連絡帳に関して」など限定されます。学校での態度はどうしても「心がけなさい」としか言えません。家で親の言うことをきちんと聞けたとしても、学校で先生の言うことが聞けるとは限りません。

親の言うことを良く聞いてくれる子どもは助かります。でも多くの子どもはなかなか親の言うことを聞かないものなのです。小さい頃なら、無理矢理に力ずくでも聞かせられるかもしれませんが、大きくなると、そういう子はなかなかやっかいになることが多いのです

先生の「注意してください」の真意は「あなたのお子さんのために私はこんなに苦労しているのですよ」とか「先生もいろいろとたいへんなんだよ」などなど、保護者にも先生の苦労を分かって欲しいという気持ちで言うことがあります。

「学校と家庭は両輪の輪です」とよく言われます。つまり「子どもを善くしたいから協力しましょう」という意味です。でも実際には、二つの輪の大きさも違ったり、向かっている方向もずれたりしていることがよくあります。ときには片方がパンクしていることだってあります。

まず、先生は保護者を、保護者は先生を、それぞれ「尊重」しているということが具体的に子どもに伝わらないといけません。教育や子育ての人的環境として、保護者も教員もお互いを尊重している姿を子どもに見せた方がよいのです。つまり、私たち大人一人一人がまず襟を正すということです。

20　相手を尊重して異性と付き合う

小学校高学年の女の子を持つお母さんから「娘が男の子と付き合っていると言うんですが、どこまで許せばいいんでしょうか？」と尋ねられました。

思春期に入れば「異性と付き合う」ということもありますし、同性にたいしても恋愛感情がわく子がいます。

これは別に不自然なことではなく、いつの時代でも「親の悩み」だったと思います。付き合うといっても、いろいろなケースがありますが、ほとんどが、女子が優位で、主導権をにぎり、行動を命令し、男子が唯々諾々とそれに従っているような状態です。

小学生の場合、手を繋いだり、キスしたりというケースが全くないわけではないのですが、せいぜい仲間同士の複数ペアで、遊びにでかけるくらいです。

私が子どもから直接相談を受けるときは、ペアが破綻したときの泣きごとや恨みごとの聞き役になるときがほとんどです。女子ばかりで、男子からはまずそういう相談はありません。

私が彼らにしてきたアドバイスは、とりあえず「小学生にはキスは早い！　手をつなぐぐらいまでだ。ハグは許す！」程度です。これも時代と共にかわっていくでしょうが、相手を尊重することだけは言います。この話は、明るく厳しくしなければなりません。笑いの中にも、内容に真剣さが必要です。

とくに、お母さん達は自分の息子に関してはとくに緊張感が走ります。息子が同級生の女の子に彼氏にされ、いいようにこき使われているみたいと夫に相談したお母さんがいました。ところが、そのお父さんは「女の子ってそういうものだろ、君だって同じじゃないか」と言われ憤慨していました。

子どもが一人前になっていくことは親にとって、うれしいことでもあり、同時に不安なことなのだと腹を据えるほかないと確信しています。

21　子どもの家事参加は大切

家庭科でご飯を炊く授業があります。「お米は洗うのではなく、研ぐといいます。なぜ研ぐなのか…」などと私は子どもに教えていました。

みんながそれぞれ持ち寄ったお米を集めるといろいろな種類があるので、産地を発表し合って学習をすすめます。

なかには台所洗剤でお米を洗おうとする子もいます。驚きながらも、家事からの距離が遠くなっているんだなと、声をかけて指導していました。15年くらい前ですが、「先生、お米洗うの面倒！お母さんも、冬は冷たい水でお米研ぐのは大変だっていいます」とノートに書いていた子がいました。そして「洗わなくてもいいお米」ができたらいいのにと。

いやはやそれが今は普通になりつつあります。子どもたちが授業に持ってくるお米のほとんどが「無洗米」です。洗わなくてもいいだけ、時間は短縮できますが、普通米と混ぜると「水の量」の調整が面倒になります。友だちの教員は「一応、教えるけど、まあ適当でもなんとかなるよ」と言います。私自身もそうしてきました。

家庭科の「知識」としては「適切な水の量」について教えますが、毎日の家庭生活では、ときに「適当」であることがとても大事です。誤解を恐れず言えば「いかに適当にできるか」が日々忙しい家事労働の肝かもしれません。

私もそれなりに家事をしてきましたが、自分で工夫した家事の技術を学校で子どもたちに教えることもあり、なんだか息子や娘に教えているような感覚になっていました。

靴下のたたみ方やズボンのたたみ方を教えたときは、何人かの保護者から「とてもいい方法を教えてもらいました。子どもにやらせます」と喜んでもらえました。子どもにとって、家事は「お手伝いから分担へ」なのです。

22 息子は宇宙人？

「男の子はホント育てにくいですよねえ」と若いお母さんたちが言います。私は苦笑いをするしかないのですが、確かに男の子の育て方で苦戦している親御さんは多いです。

「何を考えているのか分からない」とか、ときには「宇宙人みたい」と言うお母さんもいます。「学校のことを質問しても、『知らん、べつに、フツー』しか言わないんですよ」と。

私は、「自立する準備をしているんだから、かまわなくていいんじゃないですか」と言うことにしています。

ところが「でも放っておけないんですよ」と少し声が大きくなります。「じゃあ、世話をするしかないですねえ」と返すと、「先生は気楽でいいですね」とあきれ顔で言われます。私がどう応えても納得はしてくれません。

確かに、私も男ですが、お母さんたちの意見に納得できることはあります。学校でも、同学年の女子と男子を比べると、男子の方が3～4歳くらい社会性の育つのが遅い感じがします。

担任しているクラスで男子を集めて「男子もがんばろうぜ」と檄を飛ばしたこともあります。しかし、男子だって色々な子がいます。「男子」とひとまとめにして欲しくないという気持ちも私にはあります。

「男は母の愛から解き放たれないと自立できない」とよく言われます。しかし、子離れは、子どもの方から飛び出すしかないと思います。親はいつまでたっても親です。子どもたちが親を「うっせなあ」と言い出せば、自立が始まったと思えばいいのです。

親に甘えながらも離れたいという矛盾した気持ちと闘いつつ、男の子たちは一人前になっていきます。

しかし、妻や恋人に「母親」を求めるような大人の男って、大丈夫なんでしょうか。男ってワケ分からん！

第七章　夏休みの生活と読書

1　夏休みの宿題

はじめての小学校の夏休みを迎える幸太くんのお母さんは、たくさんの宿題に頭を抱えています。本当はお母さんでなく幸太君が頭を抱えなくてはいけないのですが、幸太君はいたってのんびりと構えています。

1学期間、宿題をちゃんとやっていくのも大変だったのに、夏休みの山のような量の宿題をどうやって片付けていけばいいか？　お母さんは、幸太君の顔を見ながら困っています。

しかし、はっきり言えば、それなりに努力しても、できなかったら「できなかった」と9月に先生に言うしかありません。

もちろん先生としては、計画的に毎日やってくれることを望んでいます。でも、この「計画的」というのが難しいのです。大人だって計画的に仕事がこなせる人と、まとめてどかっとやる人、締め切りになって大騒ぎして周りに迷惑かけながらもなんとか体面を保つ人と、色々です。

初めての1学期がやっと終わり、夏休みになって、ちょっとほっとしたのです。のんびりしたい気分はよくわかります。

もちろんお母さんの心配もわかりますし、できたら宿題にも取り組んで欲しいと思います。そこで、とても当たり前な方法ですが、「とりあえずの計画表」を作ることをおすすめします。書き込み式の壁掛けカレンダーに宿題をいつやるかと自分で書き込ませます。

ただ、あくまで予定ですから、その通りいかなくてもかまいません。いろいろとあって、変更したり、若干の日程がずれたりしてもオーケーだと考えましょう。

それから夏休みはせっかくの機会ですから、工作や絵、自由研究を、家族で一緒にやることがあってもいいと思います。私もよく手伝ってもらいました。

教員時代は、夏休みの作品を返すときに「お母さん、頑張りましたね。花丸です!」と書いたこともあります。

2　夏休みの読書

2年生の芽依さんは、夏休みの宿題の読書感想文をどう書いたらよいか困っています。お母さんに「学校で読書感想文ってどうやって書くかおしえてもらったの?」と聞かれたのですが、芽依さんには教えてもらった記憶がありません。

新聞などに、ときどき立派な感想文が発表されて、読んだこともありますが、お母さんもどう書かせたらいいか分からないのです。

読書感想文というのは、実は書くのがとても難しいのです。しかも、学校の先生も「読書感想文って書くのが難しいいんです」と思っている人は多いのです。

作文嫌いの子どもなら、なおさら読書感想文なんてハードルが高すぎて、書く気もおきないでしょう。

「あの読書感想文の宿題があったから、本を読むことがきらいになっちまったよ」と言う人もいます。

私は、教員時代に夏休みの読書感想文は宿題にせず自由選択にしていました。でも、本はたくさん読んで欲しいと思っていましたので、いろいろと奨めました。

教室でも本を読み聞かせしていましたから、少しは本が好きになってくれたかなと思います。

夏休みは、お家の人と一緒に本を読むこともあっていいと思います。楽しい本、おもしろい本を、実際に本屋さんへ行って探す方がいいのです。

もちろん、買って読み始めても、あまりおもしろくなかったということだってあるでしょう。それでもいいと思います。

親が思う「タメになる本」だけでなく、マンガも含め、ゆかいな本、笑える本、怖い本、いろいろな分野の本に触れる方がいいのです。

おもしろい本があったら、その作家の書いた他の本も読んでみたらどうでしょう。

で、読書感想文がどうしてもむりだったら、かわりに、読んだ本の名前をできるだけたくさん原稿用紙に書いて出したら、「許してもらえる」と…私は確信しているけれど。

3 「夏休み」は「休み」なのだ

5年生の聡くんのお母さんはぐったりした様子で、「先生、もうダメだわ」と言います。何がダメなの？　と聞いてみると、どうも、夏休みが始まったばかりなのに、毎日、聡君とのバトルが続いているようです。

朝から晩までダラーッとして、勉強はそれなりにして、宿題もやっているらしいのですが、あとは、自分の部屋でねっころがってゲームをしたり、茶の間でテレビばかり見たりしているというのです。

「お昼ご飯も文句ばっかり言って、うるさいんですよ」と。お母さんが「早く2学期始まってもらえないかしら」と言うので、「お母さんだって子どものころ夏休みはうれしかったし、黄金時代だったでしょ？」と聞いてみました。

「そりゃあそうだけど…こんなに親の手をわずらわせなかった」と言うので、思わず笑ってしまいました。

こういう問題の結論ははっきりしています。「工夫してください」です。夏休みにお母さんやお家の人が大変なのは昔からなのです。

子どもに、午前午後夕方と家事など仕事をさせるとか、公共の施設の利用もいいでしょう。友だちとプールで遊んだり、庭や公園で水遊びをしたりするという「工夫」もいいのです。

しかし、最近は夏休みもお金をかけて塾通いをさせ、お稽古事や習い事など過密なスケジュールで子どもを追いかける傾向もあります。でも、本来「夏休み」は「休み」なのです。

戦前戦中、銃後で「休み」とは何事だ！と、「夏休み」を「授業のない日」として「夏期休業日」と学校では呼ぶようなりました。でも、子どもにとっては自分で工夫できる「休み」です。

それぞれの家庭で、宿題だけでなく、成長を期待できる多様で楽しい生活をしてほしいと思います。

4　自分のことは自分でやる夏休み

夏休みに親たちから聞こえてくるのが「家の中でごろごろしている子、何とかなりませんか?」という嘆きの声です。もちろん良い方法なんてないのですが、夏休みの親の目標は「できるだけ手をかけない」ことと「自分の身の回りのことが自分でさせる」です。

お昼のご飯も用意しなくてはならないので大変です。でも、お昼ご飯でそんなに頑張る必要はありません。ひやむぎ、そうめん、うどん、焼きそば、お好み焼きというファストフードがあります。

栄養の偏りも気になりますが前の日のおかずの残り、簡単なサラダなどで何とかなります。できる範囲で、子供自身に用意させましょう。

時間と余裕があれば、手の込んだランチを一緒に作っても良いのですが、毎日のことですから、まず、お腹を満たすことが大事だと思います。後片付けは当然子どもでもできます。

勉強もせずゲームばかりという子どもも多いのですがまぁ、実はそれが夏休みの良さでもあります。ただし親が規制をかけることも必要。例えば、ゲームの時間とテレビの視聴時間はきっちりと決めておくこと。正当な理由なく決まりを破れば、2日間はゲームなしとか、具体的なペナルティーを子供に与えて反省させることもあっていいかもしれません。もちろん、厳しすぎるのは良くありませんが。

たまに家族揃っての夜更かしも夏休みの楽しみの1つです。いつもと違う生活のバラエティーもあっていいのです。

毎日の掃除、洗濯、買い物、赤ちゃんの世話などを分担して「家族のために働く」という経験が必要です。面倒で、辛いからこそ、みんなに役立ち感謝される「お手伝い」なのです

自由の多い夏休みですが親も子も「自律的な暮らし方」と「家族とは何か?」を学ぶチャンスなのです。

5　自由研究の骨格は起承転結

「夏休みの宿題で、自由研究ってあるんですけど、子どもがなにをやっていいか分からないと言うのです。簡単で、さっさとできるものはないですか？」と良文君のお父さんが半分キレながら私に聞いてきました。

どうも、夏休みの子どもたちの宿題はお父さんの責任でやらせることになっているようです。「さっさとできる」というのは都合のいい話ですが、確かに「自由」といっても何をやって良いか迷います。

夏休みならではのアサガオ観察や昆虫の成長など「長期間の観察記録」のものがオーソドックスですが、これが子どもたちは一番苦手です。

最近は『自由研究マニュアル』のような本も出ていますから、それを参考に取り組んでみるのもいいと思います。

しかし、自由研究の骨格は、起承転結です。つまり、「どうしてこの研究に取り組もうとしたのか？」「材料や資料は何で、どうやって手に入れたか」「結果・結論はどうだったか」「反省と感想」この四つがあれば大丈夫です。

そして、表紙や用紙の最初に、取り組んだ年月日とテーマと自分の名前を、しっかりアピールして、大きく太いペンで書いておくことも忘れないように。

できれば「楽しく取り組める」ものか、あるいは「単純だが、努力の跡がはっきりわかるもの」がいいでしょう。

ある中学生が、夏休みの自由研究として、英語辞書の最後に参考として掲載されている「英語と米語の違い」という部分十数ページを、大きな全紙に16枚太いペンで、延々と書き写して提出したことがありました。2学期に掲示できる場所がなく、教室の天井に先生が苦労して貼りました。

これは、中身よりも、「努力の跡が分かるもの」の部類に入りますが、夏休みの自由研究はそれで十分なのです。

6 とりあえずの読書感想文

「読書感想文」で毎年悩んでいますけど、どうにかなりませんか？ と目をつり上げたお母さんの「抗議的質問」を受けました。

この「読書感想文」原稿用紙3枚というのが宿題になっている地域がまだたくさんあります。私の住んでいる地域の学校は「自由選択」になっており、書いても書かなくてもどちらでもよいということですが、「書いた方がいいんじゃないの、書くべきよね」という暗黙の強制的目つきで子どもたちに宣告している先生もいます。

読書嫌いの子どもたちも、これを機に読めるようになるといいのですが、そうは甘くありません。

それに、「感想文の書き方」の授業をやっていない子どもたちにとっては、厳しいです。

親自身も、子どものころ、夏休みの読書感想文で困っていたでしょうから、本と原稿用紙を前にしてうつむいてしまう親子も多いと思います。

感想文どころか作文自体が不得意で、どうしても書けない子におすすめのやりかたがあります。まず、どうしてこの本を選んだのか？　親に言われた、学校ですすめられた、表紙がきれいだった、おもしろそうな題だったなど、本にまつわる話をまず正直に書きます。

次に、物語の中のエピソード、事件や出来事を「こんなことがおきました」と数行説明して、それに対して自分はどう思ったか、もし自分だったらどうするか、似たような自分の経験、その事件から思いついたことなどを数行書きます。これを10回くらいくり返せば原稿用紙3枚はいけます。

最後に「この本全体を読んで、ためになったこと」を数行書いて終わりです。親や兄姉と一緒におしゃべりしてアイデアをもらいながらやれば何とかなると思うのですが、どうでしょうか。

7　どうして夏休みがあるの？

「どうして夏休みがあるんでしょうか」と、悠樹くんのお母さんはちょっとげんなりして言います。

もともと夏休みは明治政府に雇われた外国人教師が夏の長期休暇を学校に要求したことに始まります。日本の子どもには夏休みはなかったのです。

そのため、子どもの勉強に「休み」はないから、宿題という課題が夏休みにも出されるわけです。また、せっかく身についた1学期の勉強が、長い休みで消失しないように宿題が課されることになってしまいました。

でも、子どもたちにとっては、なんといっても「待ちに待った夏休み」なのです。「夏休みは、すごく楽しみ」と開放感に満ちた黄金の季節なのです。

確かに、家の中でごろごろされるだけでは困るかもしれません。しかし、「充実した夏休み」にするために、夏の課題や、塾だとか旅行だとか、色々用意することだけが親の役目なのでしょうか。子どもにとって、夏休みは心と身体が急激に成長する時期です。それは子どもがのびのびと生活し、家庭や地域で好きなことができるからでしょう。

「退屈で、何もすることないよ」という子どももいるでしょう。むろん、「そんなに退屈なら、勉強したらいいじゃない」「たっぷりとお手伝いしなさい」という言い方もありです。

学校と違い、強制もされず、課題もそこそこの「時間と空間」で「退屈」と正面から向かい合って「自分でなんとか工夫して楽しむ」というたくましさも子どもに必要な気がします。

放っておくことは不安で心配でもありますが、「自立した子ども」「独り立ちする子ども」には、自分でできる家事などは自分でするべきです。その方が、将来独り立ちしなければならない彼らのためにもなると思うのです。

8　読書感想文はわくわくする1冊を

「『また読書感想文を書かなくちゃいけないの？』って担任している子どもに言われたんですよ」とベテラン先生の藤森先生は苦笑いです。

夏休みに読書感想文が課題になる学校があります。私も「どうやって書いたらいいでしょう」と、よく相談を受けます。友人の編集者はその文章指導力を買われて「夏休み読書感想文セミナー」に講師で招かれていくといつも盛会だといいます。子どもにとって読書感想文は夏休みの悩みの種です。

本来「感想文のために本を読む」というのはちょっと変な話です。それに「感想文の書き方」という国語の授業は学校でほとんどやりませんから、いきなり感想文といっても子どもにとってはとても難しいのです。しかも、感想文が得意な親もいるかもしれませんが、ほとんどは「子ども時代苦手だった」と言う人が多いですし、大人になってから得意になった人も少ないでしょう。

「読書感想文の書き方」のようなマニュアル本もいくつかありますが、そもそも、その「書き方マニュアル」という本を読むということ自体が苦手なのですから、いくら「簡単マニュアル」といっても簡単な話ではありません。

もし家庭で書くとしても、親と一緒に本を読みながら、あーでもない、こーでもないと、子どもと対話しながら書く方がいいかもしれません。せっかくですから、親も勉強のつもりで、子どもの読書に付き合ってみたらどうでしょう。親と一緒に読むなら子どもも楽しく気分も上がるかもしれません。

長い文章が読めない、書けないという文字離れは子どもだけでなく、大人も同じなのです。読書感想文は千二百字以内の長さにしていますが、何文字でもかまいません。一冊でも気に入った本がみつかればそれでいいのです。

第八章　学校トラブルとのつき合い

1　新1年生はのんびりやさんでもOK

来年1年生になる吉人ちゃんはのんびりやさんです。入学する予定の学校で説明会に参加したお母さんは、「身の回りの始末が自分できちんとできるようにしてください」と先生に言われ不安でしょうがありません。

吉人ちゃんは起きてパジャマを脱いで服に着替えるとき実にゆっくりで、食事などものんびりです。いつも幼稚園の登園時刻ぎりぎりになって、お母さんをヒヤヒヤさせています。

このまま小学校に入って大丈夫だろうかと心配はつのります。

確かに小学校から渡される『入学の手引き』には「衣服の着脱ができるように」と書かれています。それは、体育の服装に着替えたり、給食当番のエプロンを身につけたりすることを想定しているからです。

しかし、実際の1年生たちは、「なんとなく」できているのです。もちろんちょっと遅い子や手間取っている子もいます。でも、先生も手伝ってくれますし、世話好きな子どもたちもいますから、誰かが親切に手伝ってくれ、うまくいくものです。

そのうちに全員が、できるようになるのですから、私は子どもっておもしろいなあと思います。大丈夫、心配いりません。

入学までになんとかしなくてはと、親がキーッとなって怒りながら練習するより、毎日ちょっとずつの短時間の練習のほうが子どもにとってもいいと思います。

うまくいかないときに「ねえねえ手伝って」と言ってもいいのです。

ボタンのかけ方とか、トイレの使い方など細々としたことも無視できませんが、へたでもいいから「自分でなんでもやってみよう」という気持ちになれることの方が大切です。

「1年生！　がんばれ！」と明るい笑顔で元気づけてあげてください。「できないこと」だけに目を向けるのでなく、「やってみよう」という気持ちをほめ、はげましてあげることが大切だと思うのです。

2　交換ノート・日記の悩み

6年生の月帆さんのお母さんは娘の交換日記のことで悩んでいます。それというのも、見てはいないのですが、何を書いて交換しているのか、内容が心配でたまりません。いじめやトラブルの原因にならないか不安です。放っておいていいものか、それとも口を出した方がいいのか困っているのです。

高学年ともなれば、友だち同士で交換日記をする女の子はずいぶん増えます。相手は3人くらいから5人くらいまでまちまちですが、一人で2冊も3冊もノートを抱えている子もいます。

中には、友だちの誹謗中傷や汚い言葉で書き散らすようなノートもあります。いじめのターゲットにならないため、あるいは付き合いで、しかたなく参加している子もいます。

子どもの日記やノートを勝手に引き出しから抜き出して、盗み見するのはかなりリスクが大きいですね。

親ですから、子どもの安全のための強行突破もありえます。しかし、子どもの気持を無視して交換ノートを黙ってみるのはルール違反です。それは、過剰に干渉することに他なりません。

そんなことをすれば、親への信頼を損ねます。子どもと親の関係は悪化するのが普通です。いざというときなら、リスク覚悟で「あり」かもしれませんが。しかし、失った信頼は取り返すのが大変です。生活全体に過干渉のしこりは残りますし、大事なことも伝えてくれなくなる可能性もあります。

「こまったときは気軽に聞いてね」と言うことと「大事だと思うときは嫌われても見せてもらうからね」と決意を事前に伝えることが必要です。

子どもが秘密を持つことも成長のステップです。そのステップを理解しつつも親の気持ちは冷静に伝えておかなければなりません。心配で危うい場面でこそ信頼は鍛えられるのです。

3　テストの日に欠席で心配

インフルエンザに罹患した悠希君は6年生です。かかりつけの医師には熱が下がってから3日間くらいは学校に行かない方がいいと言われました。

休む日にちょうどテストがあるので、お母さんは気が気ではありません。「テストを受けないと0点でしょうか?」と担任の先生に聞いたそうですが、「そんなテストのことより体の方をもっと心配してあげてください」と言われるばかりで、心配だというのです。

「子どもの欠席」にどう対処するかは、小学校の場合、担任の裁量で臨機応変です。中学校くらいになると「テストを受けなかったときの対処」があらかじめ決めてある学校もあります。小学校でも、かなり重要なテストで他に代え難いと思うときは、出席してから別にテストを受けてもらいます。

でも、それも短期ならばいいのですが、長期に渡るときは授業そのものを受けていないので、テストも無理だということになります。

そういうときは、休み時間など授業の合間を見て指導や自習指導をしてできるだけ挽回してもらいます。

子どもたちも、「テスト受けなくてラッキー」と思う子もいれば、「テスト受けられなくて悔しい」と色々です。テストだけが学習の課題ではありませんから、一度や二度のテストを受けないからといって評価されないとか、今までの頑張りが無駄になるということではないのです。

担任は、授業中の態度をはじめ、ノートの取り方、課題への取り組み方、意見の出し方など、テスト以外にもたくさんの視点で子どもを見ています。

子どもは、テストは受けられませんが、そのかわり、親に病気の世話をしてもらいながら、そのありがたみも分かるでしょう。子どもには、病気さえある意味では学習なのです。

4　新年度のクラス分けどうするか？

「新年度の学級は成績で分けるんですか？」といきなり2年生の有安さんのお母さんから聞かれました。

子どもたちをクラス分けすることを学級編成と言います。小学校の多くは次年度分を3月の末に現在の学年の先生たちが編成をします。

私が経験してきた方法をご紹介します。まず、大まかに成績などによって分けてから学級編成を始めます。小学校の場合は成績で分けることにそれほど大きな意味はないのです。とりあえずその段階からスタートなのです。

様々な視点と課題で編成します。クラスは公平で、どの先生が担任になっても大丈夫というのが原則です。

どんなことに気を使っているかと言えば、学級全体のバランスです。過去のいじめの関係者たちはクラスを別にした方が無難だとか、引っ込み思案の子には、ちょっと気の利く仲良しの子を同じクラスに入れておいたほうがいいと要望が出ることもあります

逆に、あまり仲良しすぎる子どもたちは分けておかないとグループの固定化が起きてこれまた問題になります。

運動能力の高い子が過度に集まっていたりすると運動会が不公平に感じられるということもあります。

あるいは、リーダー的な子が多すぎたり、少なすぎたりすると学級活動にひずみが出るなどと心配します。

それから、子どもは仲良しなのですが、トラブルの多い保護者どうしは分けておくべきという意見も出ます。

かなり時間をかけて学級編成をするのですが、新学期になって実際にクラスを担任してみると、完全に予想が裏切られることもよくあります。

子どももどんどん成長しますし、友だちとの関係や担任との相性で化学変化することもあります。だからこそ、子どもたちはおもしろいのですが。

5 学級担任の決め方

学校の中で学級担任はどんなふうに決まるのかを書いてみます。

毎年2月ごろになると、「次の年の担任や校務分掌の希望」を校長から個別に聞かれます。1年生がいいとか、6年生が担任したいなど伝えます。校務分掌というのは、生活指導の主任や、児童会活動の指導をしたいなど、学級担任以外の役割分担のことです。

「希望」だけでなく、「希望しない」というのもあります。色々な事情や経緯があり「3年生以外でお願いします」とか、「生活指導主任を今年は希望しません」という人もいます。

「今まで、高学年の担任ばかりなので、別の学年を経験したい」とか、「去年と連続で子どもたちを担任したいので他の学年は遠慮したい」ということもあります。

その年の学級がうまくいかなかったり、保護者との関係が悪くなったりすることを懸念して、いろいろと意見や想いを伝えることがあります。

校長は、学校全体のバランスを考えますから、希望を尊重しつつもすべて受け入れるのは難しいこともあります。

とりわけ、学年の先生たちが、協力的にやれるように、リーダーやベテランの配置、若い先生や男女比、先生の個性や力量、先生どうしの相性などを考えておかないと、うまくいきません。

元気すぎる学年や、保護者との相性などから慎重に決めなくてはならないときもあります。教職員に発表する前に「どうか、この大変なクラスを担任してもらえないだろうか」などと、校長が個人的に打診や依頼することもあります。

私自身もときどき校長から事前に打診や依頼、懇願などされました。

新学期は、子どもにとって、どんな担任か、重大問題ですが、先生たちにとっても、どの学年を、どんな同僚と担当するのかドキドキなのです。

6 登校グループの班長は大変

「グループで登校するとき、なかなか低学年の子が言うことを聞いてくれなくて、6年生の娘がもうグループの班長なんかやりたくないと言うんです」と絵梨花さんのお母さんは、登校担当の先生に相談しようか迷っています。

登校するときの方法は地域でも色々です。朝、集合場所に時間を決めて集まり、そこからみんなで一緒に学校まで行くところもあれば、一番遠い子どもが順番に誘い合って学校へ行くところもあります。アメリカのように親が責任を持って学校まで送るのが義務になっているところもあります。

絵梨花さんのような地域で、高学年の登校グループの班長さんはとても大変です。それでも、入学したばかりの1年生が高学年のお兄さんやお姉さんと一緒に登校するということは親としては安心でもあります。

実際に新学期は、登校グループのトラブルがたくさん起きます。絵梨花さんのように低学年の子がちゃんと歩いてくれないとか、逆に、班長さんがみんなを放っておいて役割を放棄してしまうこともあります。保護者からの相談や苦情で、新学期は担当の先生が頭を抱えてしまうこともよくあります。

こうした登校の方法が安全で合理的かどうかはまだ論議が必要ですが、年齢の違う子どもたちが、お互い助け合いながら行動するというのは、今の子どもたちには、よい経験ではあります。保護者や地域の人が、頑張っている班長や高学年を励まし、低学年には安全のために「班長の言うことを聞こうね」と家庭でも、しっかりと声をかけなくてはなりません。

異年齢の子どもたちが、勉強とは別に、一人前になるための「社会性」を育てるよい機会かもしれません。地域での結びつきが希薄になった今では、子どもたちにとってても貴重な体験です。

7 家庭訪問（1） 先生にとっても有意義？

家庭訪問で、お茶は出した方がいいんでしょうか？ 上がってもらった方がいいですか？ とよく尋ねられます。

家庭訪問というのは、よく考えると、ほんとに不思議な制度・習慣で、日本特有の学校行事ではないでしょうか？

迎える保護者は、かなり前から家庭訪問の予定を聞き、仕事があれば休暇をとったり、妹や弟が保育園や幼稚園に行っていれば、送り迎えの時間を気にしながら先生を出迎える用意をしたりと、かなり気を使います。

以前「たかだか10分程度の訪問に、家の中の掃除もしなくちゃいけないし、すっごい大変なんですよ、プンッ」とお母さん達に言われたことがあります。

しかし私は、手土産も持たずに訪問しても、どこのお宅でも、丁寧に迎えてくださることを、とてもありがたく思っていました。

でも、家庭訪問で、上がり込んだり、子どもたちの勉強部屋を「点検?」したりする必要はないと思っています。

たいていは玄関先で立ったままが多く、椅子を用意して下さっていれば座らせてもらったりしてお話しします。

おそらく新学期になって、先生と面会するはじめての機会なので、挨拶が中心になりますが、保護者として気になることは、まとめて質問した方がいいと思います。短時間なので即答することは難しいですが、それでも、保護者が心配したり、気にしていることを聞いておくことは、担任にとっても有意義なことですし、これから役に立ちます。

先生の方は、1日に5軒から10軒くらいを急いでまわりますから大変です。雨が降っていたり、陽射しが強いと特に疲れますが、それでも子どもたちが日々生活している地域や家庭に出向き、その空気に触れることはとても有意義なのです。

ま、玄関で立てるくらいのスペースは空けておいて下さいね。

8　家庭訪問（2）　玄関だけで失礼したい

5月に入ると家庭訪問がはじまります。教員が「玄関だけで失礼します」というところが多いと思いますが、私の友人の地域では先生に「勉強部屋も見せてください」と言われるそうです。「うちの子はいくら言っても勉強しないので勉強部屋とはいえないんだよ」と友人は笑いながら話します。私は部屋になどあがりたくありません。

玄関に靴が散らかっていて、足の踏み場もない家もありますが、「先生、ごめんね。その靴踏んでも良いから入って」と言われたこともあります。

ただ、教員のほうも大変なのです。30人近くの子どもたちの家を4日から5日で巡回しますから、初夏の暑さで汗だくになります。また雨でも降ろうものならびしょびしょです。自転車や徒歩で、住宅地図やナビを頼りに右往左往することもあります。

事前に保護者に訪問日を打診して、計画表を作るのですが、「この日は仕事です」「この日は下の子の遠足付き添いです」などと、都合が悪いと日程の変更をします。でもその結果、北から南へ行ったり来たりが続くと、仕事とはいえ、「罰ゲームか?」と思うこともありました。

時間に厳しい保護者もいて、「先生、おそいー。もう私、出かける時間だからね」と叱られたこともあります。

思わず「お宅って、いつも学校の提出物が期日より遅れているのに、こういうときは時刻厳守ですか!」と言いたくなったこともあります。

地域を歩いていると、なんだかんだとアクシデントや愉快なことがあります。私自身はいつもと違い、学校の外の空気を吸いながら歩くのは好きです。

先日、表にでようとしたら「ここの家って岡崎先生の家じゃねぇ」という子どもの声が聞こえてきました。私の住居は勤務校区の端境です。子どもに家庭訪問されるのもドキドキします。

9 教育実習生とのつき合い

6年生の比奈子さんから「岡崎先生、今週から教生の先生が来ているんですけど、すっごく楽しいです。担任の先生よりカッコイイし、若いし…」とはずんだ声の電話です。

教生というのは教育実習生のことです。教員免許状を取得するためには、教育現場での実習が必要なので、4週間程度、学校で、実際に子どもたちを相手に授業実習をしたり、現職教員の指導を受けたりするのです。学校では盛りだくさんのメニューが用意されており、色々と体験することになります。

当然ですが、子どもたちにとっても教生の先生は新鮮で、わくわくします。

しかし、担当する現職の教員は、従来の自分の学級の仕事以外に、彼らへの細かな指示を出したり、研修を計画し、毎日指導することになります。正直言って、その負担は、はんぱではありません。ときには、指導しながら、将来、良い教師になって欲しいという気持ちもあって、つい熱が入りすぎ、くたくたになることだってあります。

以前、ある親から「先生、教生の先生が来ると、授業が遅れませんか?」と質問されたことがあります。

もちろん担任は、現状の授業計画に問題が起きないように工夫をします。しかし、「授業が遅れる」という心配がいらないくらい、子どもたちと教生の先生は、とても充実した意義のある時間を過ごすように思います。

教生先生の失敗や未熟なところを、一生懸命カバーしようと子どもたちは頑張ります。教生先生も、おもいっきり身体と心を動かして子どもたちと生活をし、向き合ってくれるはずです。

私自身も、彼らと一緒に仕事をしながら、初心を振り返り、自分の未熟さや「教える」ということの原点を問い直したものです。

10 「知ったかぶり」の子どもたち

聖子先生は授業中に元気すぎる新太朗君に疲れています。「自分の知っていることだと、『知ってる、知ってる』としゃべり出して、私の話を最後まで聞かないのです。自慢して話したいのです」とちょっと困っています。

お母さんも新太朗君の知ったかぶりが気になって、友だちから嫌われてしまうのではないかと心配です。

こうした子どもたちはどこのクラスでもいますが、とくに問題だと私は思っていません。意欲ややる気がありすぎるわけであって、上手にそれがコントロールできないだけです。

大人でもときどきいますよね。おせっかいすぎて嫌われてしまう人です。おせっかいというのは、親切心があるのと同時に、自分を認めて欲しいという気持ちがあります。

「あなたの役に立った」という充実感です。でも、それはタイミングを間違えると、単なる迷惑です。

私は子どもたちには二つの対応をします。第一に、「そうか、よく知っているんだね、じゃあそのことを是非教えてください。この話が終わったら、必ず聴きますから、それまでちょっと静かに聞いていていてね」と伝え、必ずあとで時間を取ってみんなの前で話してもらいます。先生やみんなはちゃんと聞いてくれるので、待てるのです。

もう一つは、「先生や友だちの話をしっかり聞くことは、先生や友だちを大事にすること」ということも知らせます。友だちが発表しているときは、まずきちんと聞くことが、友だちを大事にしていることになると分かれば、自分のことを大事にしてもらうためにどうするかがだんだん理解できます。

これを根気よく学校でやってきました。「うるさい、しずかに！」だけでは、良き関係はつくれません。もちろん、その気持ちは十分わかりますけど。

11　手先が不器用なんだけど…

篤人君は４年生です。先週の理科の時間にマッチを使う授業がありました。ところが、マッチを擦るのが怖くて、うまく火がつけられず、落ち込んでいます。お母さんは「情けないんですけど、今どき、なんでマッチなの？　って思うんですよ」と複雑な心境です。

私も６年生の理科の実験で、ろうそくに火をつけるときはマッチを使います。でも、マッチを使うのが不得意な子どもたちはたくさんいます。

また、ガスバーナーの使い方も６年生で教えますが、これも、大変で、指導しながらどきどきしています。

家庭科の包丁での皮むきも最近は「危険な課題」になっているので、先生たちもひやひやしながら指導します。

子どもたちは総じて手先が昔より不器用になってきています。以前「テレビゲームをしているので、指先が器用になる」という専門家もいましたが、それはないと思います。

私たちの生活全体が便利さ優先になり、アナログ的な生活技術は必要性が失われています。ですから、子どもたちだけを責めることはできません。

ヒモが結べない、輪ゴムがしっかりかけられない、ハサミでうまく切れない、紙がきちんと折れないなど、指先だけでなく、身体全体と脳の調整機能の問題です。このままでは、十分な生活力が身につくか不安になります。

教室のドアの前でじっと立っている子が「先生、このドア壊れている」と言うので、「それは、自動ドアでないから、自分で開けてくださいね」と言いましたが、嘘のような本当の話です。

便利なことを優先しすぎ、面倒なことに向き合わず、回避する生活は、ひょっとすると「生き方」にまで影響するかもしれません。今のところ「先生、生きるの面倒くさいね」と子どもたちは言いませんが。

12 我が子の役が不満な学芸会

学芸会の季節です。三香代さんは「いじわるなおばあさん」の役になりました。自分がなりたいと思っていたお姫様役に立候補したのですが、残念ながら競争率が高くて、最後はくじ引きで決まりました。

最初はあまりやりたくないなあと思っていたのですが、誰かがやらなければならないし、やってみたら意外とおもしろい役だったので、今は気にいって頑張っています。

でも、お母さんとしては、ピアノもできるし、三香代さんにもっと良い役がないかと不満もあります。

学校の学芸会では、どうしても台詞の数や登場の時間にばらつきができます。すべて同じにはいきません。

親としてはもっと適任の役があるのにと思うのですが、子どもの数、上演する劇や音楽によってはどうしても「分担」しなければなりません。

先生は、できるだけみんなが活躍できる場をと思いますが、登場する役の数と子どもの数、子どもの性格や表現の得意不得意を考えて「分担」します。

たとえ台詞が一つでも、大勢の前で大きな声を出すことが苦手な子にとっては、とてもやりがいのある学習です。

お互いが、自分のわがままを克服しながら、精一杯演じ、みんなで協力して上演することが大切なのです。

肝心なのは練習の過程です。子どもたちも一生懸命演技を工夫し、試行錯誤します。彼らにとっては、それこそ、かけがえのない経験です。

私たち大人は、どうしても目立つところや派手なところばかりに目が行きますが、子どもたちひとり一人のがんばりや成長を見なくては、子どもたちにも失礼だ！　と思うのです。

自分の台詞や動作が少なくても、くり返し練習している子どもたちを見ていると、こちらの身も引き締まります。

13　おもちゃ文具も文化だよ

「先生がキャラのついてない無地のしたじきを使いなさいって言うんです。キャラがあった方が楽しいし、だいたいなんで、したじきって、必要なんですか？」と郁代さんに質問されました。

子どもたちの持っているしたじきには、マンガの主人公やアイドルなどの写真がついているものが、昔からあります。三角定規や分度器だって、カラフルで、イラストもいっぱいです。目盛りのよく見えないものもあります。

したじきなど学習道具にはそれぞれに使用する意味や意義があります。指導する側としては、シンプルな道具をていねいに使って欲しいと思います。

しかし、子どもたちはそれよりも、学習時間をなんとか楽しくしようと、いろいろな学習道具を遊びに使い、交流しています。

鉛筆や消しゴム、定規は、男子が休み時間にするバトルの道具になっていることだってあります。消しゴムもお菓子やお寿司の形で、いろいろな匂いがついています。消せない消しゴムでも子どもは平気です。

「せんせい、これバーベキュー味の消しゴムだよ」と言って、鼻に押し付けられたことがあります。消しゴムにバーベキューやコーラの匂いをつけてどうするんだと思いますが、子どもたちは楽しそうです。授業中にかいで、ニヤニヤしています。

こうした、おもちゃ文具に目くじらを立てる大人も多いのですが、私は、まず「おもしろいなあ」と思ってしまいます。どんなものでも遊びにしてしまう子どもたちの持っている一種のたくましさをそこに感じてしまいます。

カラーペンのいっぱい入った女子のペンケースやカラフルなメモ帳は、「なんでも楽しもう」とする子どもたちの文化だと思います。そして、そう思える余裕が大人にも必要かもしれません。

14　転校先での困りごと　遠慮せずに担任に

「転校するときに、何か気をつけることはありませんか？　友達ができるか、とても心配なんです」と芳信君のお母さんが言います。お父さんの転勤で4月から引っ越しです。芳信君は「大丈夫だよ」と言うのですが、お母さんは不安でたまらないようです。

子どもにもよりますが、転校する時には、たいてい不安になります。でも、しばらくは周囲の様子を見ることしかありません。低学年の子どもは無邪気ですから、それほど苦労はありません。とりわけ男子は、周囲になじみやすいのです。ところが、高学年の女子で、とくに「勢力分布図」ができているようなクラスに入ると、少し戸惑います。

自分から声をかけるのはとても難しいので、担任の方も「みんなから声をかけてあげようね」とか、面倒見のよい子や学級委員に「声をかけてあげてね」と頼んでおきます。

私は、転校してから1週間後に、家庭に電話して、「転校してきて何か気になることや、困ったことはありませんか?」と親に直接聞いていました。

教科書や補助教材、体育の時の服装やノートなど細々したものが以前の学校で使っていたものと違うことがありますが、慌てないで、ゆっくりとそろえていけばよいのです。

引っ越しの後始末や、整理整頓で時間や手間がかかるのですから、やむを得ません。おそらく、学校の方も急がせることはないと思います。

親の都合で転校することが多い子もいるのですが、体育の服装などは、学校指定でないものを使っていました。転校するたびに指定のものを買い換えていたら、不経済です。親の方から事情を話せば、たいていのことは融通が利くものです。細かいことだからと遠慮せずに、担任に率直にお願いすることをお勧めします。

15　忘れる能力はうらやましい

自分の持ち物に無頓着な子どもをよくみかけます。今も教室には、忘れ物の下敷きが何枚もあります。えんぴつや消しゴムも1年すぎると引き出しに蓄積されるのですが、名前は書いてありません。

「先生、消しゴム落ちていませんでしたか?」と聞いてくれる子どももいて、大事にしているんだなあと、いっしょに探すこともよくあります。

「先生、鉛筆がないので、貸してください」と言うので、「落とし物箱に入っているものを使っていいよ」と言ったあと、子どもが取りに行くと「あっ、これ私のじゃん」と、漂流物が持ち主に帰還するということも珍しくないのです。

「落とし物箱に入っているものの半分は君のじゃないか?」と言いたくなる子や、家にランドセルを忘れてくるとか、反対に教室にランドセルを置いて帰ってしまう強者もいて、感動します。そう言えば宿題プリントだけ忘れていく子もいました。

持ち物に厳しい親もいて「お母さんが、学校で探してこい。見つかるまで、帰ってくるな!って言うんです」と泣きながら放課後やってくる子も以前はけっこういました。買ったばかりの、値の張るジャンパーだったので、そりゃあ大変だと一緒に探しました。

子どもたちのかわりにいいわけをするつもりではないのですが、実際、子どもとつきあっていると、「忘れる健康」のようなものを感じます。落とし物に名前が書いてあるので、これは君のだろ？と聞くと「いいえ、違います」と言う子もいるくらいです。だって名前が…と言っても、「でも違うと思います」と真面目に主張します。過去にはこだわらないのですね。

ワケがわからないけれど、なんだかすごいなあと思います。子どもは、今の自分に関わりないことや関心のないことをすっきりと忘れてしまう能力があるようです。ときどきそれが、とてつもなくうらやましくなることがあるのです。

16　「卒業式」ってなんのためか？

卒業式が近づくと小学校の5・6年生は式の練習が増えていきます。私はこの練習があまり得意ではなく、高学年を担任したときには最小限の省エネ練習をめざしていました。

式の当日は保護者や地域の来賓が参列するので、滞りなく式が終わることを願うばかりです。指導する先生のタイプにもいろいろあって「最後なんだからね、ビシッと決める」ということを重視する先生と「まあ、そこそこできればいいんじゃないの」と考えている先生がいます。私はもちろん後者でした。

子どもたちもみっともないのはいやですから、式の当日はしっかりやってくれるものだと思っていますし、練習のときより緊張して頑張るものです。かえって当日は緊張のあまり、歌や呼びかけに、いつもより元気がなかったりするので、当日にリラックスしてもらうのが大変でした。

私たち大人は、だれのためのなんのための卒業式なのか？　を常に考える必要があります。もし不登校の子がいればその子はどんな気持ちで卒業式の日を迎えるのだろうか？　いじめや学級崩壊などを経験した子たちにとって卒業とはなんだろうか？　「卒業」について私は問い直し、考えてきました。

私が送り出した卒業生はみんな手はかかりましたが元気な子たちでした。卒業式でも感動しすぎて泣きじゃくる子もなく淡々としていました。卒業は人生の一つの通過点でしかないと私は思います。

毎回卒業生を誘って春休みに「お別れ遠足」をするのですが、つい数日前に卒業した彼らが、ちょっとおしゃれをして、スマホや腕時計、可愛いバッグやキャップなど身につけて集まると、「ああ、すてきな若者たちだなあ」と思えて、「これからもがんばれよ！」と、なんだか幸せな気持ちになるのです。

17　学校のコンピューター学習　厳しい予算で現場も苦慮

学校で働く事務職員は４月、特に多忙になります。先日も友人が、「新学期の立ち上がりは人事異動の書類整理から学校予算の立案、執行など毎日大変なんだよ」と疲れ気味で、声にも張りがありませんでした。

子どもたちの使う教具や教材は原則的に公費でまかなわれますが、日本の教育予算はかなり貧困なので、優先順位を工夫するしかありません。

教員から出された希望を精査して、今年度の予算をどう使うかという案をつくるのはかなり大変な仕事です。以前子どもが元気すぎる学校で、校舎の修理費が膨大になり、授業プリントやテストなどの紙類にしわ寄せがいくこともあると聞いたこともあります。

また教育改革などで教科書や勉強の中身が変わると、新しく必要な教材教具が必要になります。ＩＣＴ教育やプログラミング学習が導入されると、学校のコンピューターを使う機会が今以上に増えるでしょうが、いつでもだれでも使えるようには、まだ環境が十分ではありません。

今までも授業で「先生、フリーズしました」「画面が消えました」「プリンターが動きません」などなど、教員も多忙すぎて機器のメンテナンスなどもなかなか十分に出来ませんでした。「コンピューターが何台か動かなくなっちゃってさ、授業がフリーズだよ」なんて話もよく聞きます。今後、タブレットを多用したり、いろいろなアプリケーションを使ったりすることになると、ますます、費用と時間と手厚いメンテナンスが必要になります。

財務執行に厳格な事務職員に「修理代は高いんですよ、予算も限られていますから、気を付けてくださいね」と指摘を受けることもよくあります。予算の面でも学校現場の声がもっとたくさん届いていくといいなと思います。

18　過剰「清潔さ」の追求で失ったもの

ハエがとまった給食のパンを「もう食べられません」と半泣きで私のところへ持ってきた子どもがいました。かなり前の話です。最初、子どもが何を言っているか分かりませんでした。ハエの死骸がパンに入っていたかと思ったのですがそうではなく、飛んできたハエがちょっととまったというのです。

私が「ごめんなさいと、ハエは君をおがんでいただろ?」と言っても、「よく見ていませんでした」と冗談も通じないので、「じゃあ、先生のパンと交換しよう」ということでなだめました。

床に落とした食べ物は3秒以内に拾って食べれば大丈夫という「3秒ルール」というのがありましたが、それも近ごろは、あまり聞きません。

最近まで、大好物のシューマイが床に落ち、恨めしそうに見ていた子どもがいても、拾ってフッフッと吹きながら、手で拭いて、大丈夫だよ、汚くないよ！　と食べてもらっていました。子どもはうれしそうな顔をして食べてくれたのですが、今なら「いらない」と言われてしまいそうです。

子どもたちの日常は、清潔のための殺菌が普通になり、無臭でないといじめにあってしまうと過剰に脱臭、汗さえも社会の敵のようです。

しかし、もともと私たち人間は、そういう「汚いもの」にも抵抗力がそれなりについていたはずですし、汚れや臭いに対し、それほど強い拒否感を持っていなかったはずなのです。

子どもにたくましさを求め、「生きる力」を養おうとしているのに、いつのまにか、清潔さに対し過剰に反応しすぎているように思うのです。清潔さへのこだわりで失ったものもあるのではないでしょうか？

ちまきの竹がクサイという子どもたちの反応に、私たち大人は生活を見直さなくてはならないかもしれません。

19 席替えは「運命の出会い」をプラスに

「娘がすごく怒っていて、理由を聞くと『教室の席替えの時、先生が勝手に決めた』と言うのです。別にそんなことで怒らなくてもいいと思うのですが、先生も大変ですねえ」と芽依さんのお母さんが話してくれました。

学級の席替えは先生の考え方で決まります。いまどき成績順とか、テストの点数で席順を決めるような破廉恥なことをする先生はまずいません。

よくあるのは、例えばやんちゃな子どものそばには、おとなしい子を配置して、トラブルが起きないようにするとか、消極的で話もなかなかできない子のそばに、親切で世話好きな子を座らせるなどということをします。

元気すぎる子が隣同士になると意見交換が騒音になってしまう場合もあるので、離すことを考える先生もいます。

一方、仲良しで近くに座りたいとか、逆に嫌な子から離れたいなど、子どもたちの様々な思惑が交錯します。

授業の合理性だけを考えるのなら、先生が授業のしやすいように決めればすみます。しかし、私は教室の席順は、1ヶ月ごとに「運命のいたずら方式」つまりくじ引きで決めていました。

仲のよい子が一緒になれば注意することも増えますが、授業に取り組むときに自制していくことも覚えて欲しいし、仲が悪くても最低限の礼儀で協力することを学んで、学習や作業に取り組んで欲しい、そう思うからです。

もちろん途中でやむを得ず「席を変える」こともありました。しかし、それは、お互いの努力の不足や、つきあい方の未熟さを確認してからです。

人は誰かに「用意された出会い」だけでなく、偶然の出会いを受けとめて、プラスに生かしていかねばなりません。それってけっこう楽しいことだと思うのです。席変えのくじ引きをしているときの子どもたちの顔が私は大好きです。

20　安心安全社会では誰もが不審者？

新しい学校に転勤したときのことです。新学期が始まって早々ですが、夕方、時間が空いたので、自分の勤める地域の様子をじっくり見ようと自転車で走っていました。

そのとき赤いスポーツウエアーを着ていたのですが、公園であそんでいる低学年の子どもたちに声をかけていると、少し離れたところに幼い子どもを遊ばせている母親たちがいました。赴任してきたばかりの私を知っている子は少ないので、「学校の先生なんだけどさ」と話しかけていきました。

翌朝、職員室の打ち合わせで、不審者情報が報告され、「赤いジャージの男が…」と教頭が言うと、前に座っていた若い同僚が「岡崎先生のことじゃないの」と笑いながら言うので、気になって詳細を聞きに行きました。

やはり私のことのようで、教頭が、「警察には伝えておくよ」と、これまた笑いながら言います。

「不審者情報」というのは安心安全200％くらいのために、制限もなくネットで市民の間をとびかいます。

地域で子どもたちに声をかけるだけで不審者「かもしれない」とか、誘拐犯「かもしれない」と警戒態勢を取るのですが、当人に話しかけてみるとか、地域の人どうしで確認してみるとかはできないのでしょうか。

「安心安全体制にどっぷりつかると、ちょっとしたアクシデントにも弱くなる」と私は思っています。もちろん相手にもよりますが、疑う前にまず声をかけてみるというくらいのことをしてもよいのではないかと思います。

子どもに声をかけるのも躊躇してしまうような社会は、決して安心でも安全でもないような気がします。ただ昼下がりに、「はでなジャージで自転車」がまずかったかなと少し反省はしていますが。

21 幼保と小学校の情報交換

保育園で仕事をしている友人が「卒園した子たちが小学校で元気にやっているか気になるんだ」と言います。

文科省が幼稚園・保育園と小学校の連携をしっかりするようにと言っていますが、忙しい現場ではなかなか難しいなと感じます。

地元の幼稚園と小学校の先生が一緒に会議や話し合いをすることが年に数回あります。しかし時間も限られているので幼保時代の子どもたちの様子や、1年生になってからの様子を十分に交流しているとは言い難いのです。

卒園した子どもたちの園時代の様子や配慮すべき内容は幼稚園からの書類で小学校は受け取ります。私も1年生を担任すると丁寧に読ませてもらっていました。しかし、実際に担任してみないと分からないということも多くありましたし、幼保の先生と見方が違っていることもありました。

でもそれは当たり前のことで、子どもは日々成長し、周囲の環境によって変化するからです。

私は、時間を取って、子どもたちの卒園した幼稚園や保育園に行き、先生の話を聞くようにしていました。自分で書いた学級通信も子どもに頼んで卒園した園に持って行ってもらいました。

幼保の先生に会って子どもの事を聞くと、書類には書いていないエピソードや気をつけないといけないことや、保護者の話などを教えてもらうことができます。

「昨日、幼稚園の○○先生に会ってきたよ。君がすごくがんばっているって話しておいたからね」というと、子どもたちは「えーっ○○先生！　元気だった、なつかしい」などと一人前のことを言います。お世話になった先生と私が「知り合い」だということだけで、安心する子どももいます。

自分の知らない少し前の子どもたちの事を「引き継ぐ」楽しさと難しさを実感します。

第九章　「発達障害」「不登校」の問題

1　入学時の不安と発達障害

来年1年生になる子どもたちは、自分の地域の小学校で、就学時健康診断をうけます。そこで、「お子さんは『発達障害』じゃないでしょうか？」と言われ、小学校の特別支援学級をすすめられることがあります。

「発達障害」といっても症状はさまざまで、判断は難しく、大まかに言うと「成長に偏り、遅れ、障害がある子ども」と言われています。

具体的にはこだわりが強すぎたり、他者とのコミュニケーションがうまくなかったり、落ち着いて話が聞けなかったり、じっとしていられない、読み書きなどがとても不得意…などの問題を持った子どもをさします。しかし、これらを判断するボーダーラインがはっきりしているわけでもないので「あいまい」といえば、あいまいなものです。

学校の現場で仕事をした経験から言うと、どんな子どもでも多少はそういう問題をもっているものですし、「特別支援学級」ならばすべてよし、というコトもでありません。

特別支援学級で落ち着いて生活した方がいいと言われる子もいるようです。しかし、支援の種類も多様になり、目の離せない、手のかかる子どもたちが人数的にも多ければ、かえって落ち着かない教室になってしまいます。

逆に、普通学級でも、その子の居場所が確保でき、その子なりの活動スタイルで友だちとも、とりあえずなんとかなれば、十分に普通学級でもできるわけです。

「普通学級」か「特別支援学級」か、ことはそれほど単純ではないのです。とりわけ、はじめて入学させる親にとっては、不安やとまどいばかりでしょう。

「発達障害」とひとくくりにしても、子どもの数だけ状態はいろいろあります。

できれば、教師も保護者も試行錯誤をおそれずに、そして、他の子どもたちとのトラブルも成長の糧として、「付き合い方を学ぶ」姿勢で小学校生活をおくれたらと願うばかりです。

2　登園しぶりは原因追及をまずひかえ見守る

あせった声で美智代さんのお母さんとお父さんが「相談したい」といってきました。幼稚園に行きしぶって、送っていった車から降りず、毎朝、駄々をこねているようです。

幼稚園・保育園や学校への登園登校しぶりは、新学期の時期はとくに多くなります。家を出る前から行きたくないと言う子、門の前で、急に行きたくないと言い出す子などいろいろなケースがあります。

小学校の低学年にも多く、毎朝お母さんと靴箱の前で格闘している子もいます。

でも、いったん園の中に入ってしまえば、ケロッとしてみんなと楽しく生活できる子もいるのです。もちろん、そうでない子もいて、無理に引き込むとさらに拒否が強くなる子も多いです。友だちにいじめられているとか、先生が怖いなど「わかりやすい原因」がある場合はそれを改善すればいいのですが、それはまれです。

行き渋りや不登校の多くは、親や先生にはなかなか理解できないことばかりです。ときには本人にも、その原因がよく分からないことだってあるのです。

いずれにせよ一番つらいのは本人ですから、「怠慢」「わがまま」と決めつけ、叱り飛ばすのはよくありません。

親や先生は「何が原因なの?」と聞き出して、はっきりさせたいかもしれませんが、あまりしつこく問い質すと、その場逃れのウソを言うことだってあります。それを真に受けて大騒ぎすればかえって問題をこじらせます。

まず、理由はさておき、子どもの話を聞いてあげることです。新しい環境でなかなかみんなに打ち解けることができないとか、先生や友だちに気を使いすぎていることだってあるのです。

あわてて騒がず、周囲がゆったりと構えて、本人の頑張りを期待することです。親は仕事にも行かなければならない、家事もある。そんな中で登園できないとなると焦り苛立ちます。しかし、決して無理をせず、本人を勇気づけていく方が、解決への近道なのです。

3　不登校のときはちょっと休むこと

「息子が最近学校に行きたくないと言っているんですが…」と5年生の光太君のお母さんは悩んでいます。

小さいころから学校へはあまり喜んで行っていないタイプだったのですが、2学期から、休みがちになりました。

お母さんは原因を探ろうといろいろと光太君に聞きますが、要領を得ません。いじめも考えましたが、先生もそれはないだろうと、原因もはっきりしません。

こんな時、子どもにどんな言葉をかけたらいいか悩みます。子どもが何を悩んでいるかワケわからないからです。

子どもだって、親や先生から原因を聞かれても、すぐに答えられる子は多くありません。あまり厳しく原因追及されると、その場しのぎで適当にウソをついてしまうことさえあります。

5年生くらいになれば、「学校へいかないこと」が世間的には少数派であることを自覚できています。だから、本人もずいぶん悩んでいるはずなのです。しかし、周りはそのことを忘れがちで、「原因が分かれば、行けるはず」という思いが強く、なんとか原因を探そうとします。

しかし、子どもの立場からすれば、今までの、細かいけれど、それなりに重く蓄積したしんどさがあり、ささいなきっかけで不登校ということもあります。

スイッチをオフからオンにすれば、動き出すという単純なものではないのです。原因探しで、みんなが疲れたり、ささくれだったり、落ち込んだりすることをできるだけ避けたいのです。

子どもであれ、大人であれ、単純な行動もあれば、複雑な行動もあります。人のやることは、分かりやすいことも、複雑怪奇なこともあります。

親も子も、真正面から向かわずに、ちょっと休んだり、逃げたり、気分転換してよいのだと思います。

4　小1の登校　「別れのバトル」淡々と

1年生の勝利君は、朝、学校へ行っても、すんなり教室へ行きません。お母さんが校門まで送りますが、担任の先生が迎えに行くと大泣きします。

先生が、なだめて教室へ入ると、1時間くらいはめそめそしています。でも、しばらくすると、友だちと元気に授業を受けたり遊んだりできるのです。

お母さんは、朝から仕事なので、勝利君がなんとか、自分で学校へ行ってくれないかと悩み疲れています。担任の先生にも迷惑をかけていますので、ちょっと肩身が狭いのです。なんとかならないかと相談されました。

学校へ行き渋る子どもたちは、どこにもいます。多くはありませんが、とりわけ幼い低学年ではよく見られます。

結論から言うと、ほとんどの子は、もう少し大きくなると、普通に学校へ行けるようになるものです。

勝利君もそうですが、学校が嫌いというより、お母さんと離れたくないという気持ちでいっぱいなのです。

お母さんと離れることが不安なのでしょう。幼い子どもにはよくあることなので、毎日の「別れのバトル」はできるだけ淡々とするしかありません。せっかくうまくいっても、連休や長い休みがあるとまた振り出しにもどることもよくあります。

学校の先生は、「楽しいことをいっぱいやろう」と、言葉をかけているでしょう。でも、あまり強引に呼び込むと学校嫌いにしてしまうのでできません。

「早く仕事に行かなくちゃ」というお母さんの「あせり」や「申し訳なさ」を子どもは感じ取って、余計に不安で抵抗します。家庭で一緒にいられるとき、短い時間でもいいので、しっかり抱っこしてあげたり、一緒に家事をしたりして、親子の関係を充実させるのが一番です。そして、あせらず、気長に親離れと子離れを待つことです。

5　通常学級か特別支援学級か

「通常学級か特別支援学級か迷っているんですよ」と真夏さんのお母さんは言います。4月から新1年生なのですが、学校の先生から、どちらにするかと尋ねられたそうです。

この時期になるとこうした相談が私の所へもたくさんあります。結論から言えば、「何が一番よいか」なんていうことは誰にも分からないでしょう。

特別支援学級では、「その子の障害や状態に合わせた課題で、よりよい指導ができます」というのが理想でしょうし、通常学級では「みんなと一緒に生活することで成長できることがたくさんある」というのも事実です。

それに、子どもたちも、私たちの予想を超えてどんどん成長し、変わっていきます。今の時点で最善でも、少し先の話になるとまたその最善が変わっていくでしょう。

私自身は、通常学級の担任でしたが障害を持った多くの子どもたちを、躊躇なく受け入れてきました。そして、なんとかやってきました。もちろん、管理職や他の先生や職員の協力を得ながらですけれど。

また、私の尊敬する特別支援学級の教員は、とにかく学級が楽しくなるように努力していましたし、彼からも色々と教えてもらいました。

まずは、一緒に暮らして、子どもを一番よく知っている保護者が、その子の今の最善を考えて、決めるべきでしょう。そして、たとえ幼くても、子ども自身の思いや考えを大切にすべきでしょう。

学校としては、本人と親御さんの希望や期待をまずしっかり聞くというところからはじめるべきだと考えます。そして、これからの「共生社会」を考えれば、障害のある子もない子も一緒に学ぶ、つまりインクルーシブな教育をめざすことが望ましいと思います。

6 学校に行きたくない子ども

夏休みが終わり、学校が始まります。ところが正三さんのお父さんは「息子が学校に行きたくないと言っているんです」と心配しています。

毎年、この9月は子どもたちにとっては厳しい月で、学校が嫌だと言って不登校や自殺など親たちを心配させるようになりました。

一方で、「やったー！ やっと学校が始まった」と親子共々が夏休みの24時間の過酷な摩擦や軋轢を避けることができると喜んでいる家庭も多いのです。

学校へ行きたくないと言ったり、学校をやめたいと突然に言われれば、親も焦りますし、あわてます。とりわけ、親御さん自身が、学校へは行くものであり、休むなんてのは病気以外考えられないなどと思っていると、情けなく「怒り」さえ沸いてくるでしょう。

でも、ひょっとすると夏休み前まで、子どもは本当に頑張ってぎりぎりで学校に通っていたのかもしれません。そうなると、「行け、行け、ゴー」ではなんともなりません。

親だけでなく、担任も、9月の再スタートをスムーズに登校してもらえると安心なのです。けれど、それを無理矢理に登校させることは大変難しく、リスクも多いのです。

不登校や登校拒否への指導や対応策は、色々と研究されてきましたし、事例もたくさんあります。しかし、絶対これなら大丈夫、うまくいくという確実な方法はありません。それは子どもの個性や気質、おかれた環境によって異なるからです。

親としては、とてもしんどいでしょうが、速効性を求めずに、ゆっくりと本人を受け入れ、対話するという地道なことからはじめるしかありません。

大切なのは、親御さん自身が孤立しないことです。友だちや担任、専門家に相談してもよいと思います。まず親御さんが元気であることが大切です。

7 不登校の背景は不寛容

学校へ行きたくないとか、学校がどうにも苦手という子どもたちがいます。「甘え」だとか「軟弱だ」という批判をする大人も多いのですが、私が知っている子どもたちはちょっと違います。最近は「不登校もありだよね」という意見も一般的になってきました。

不登校の原因はさまざまで十人十色ですから、簡単に対応策が出るものではないのです。本人の気質や成長のしかた、教員の態度や家族の考え方など単純ではありません。時には学校とは何か？　教育とは何か？　という本質にかかわっている場合もあります。

原因を探すことも必要ですが、無理矢理、学校に行かせることにリスクが大きく、「とりあえずは休ませよう」ということが原則になってきました。

私は自分の住んでいる地域で営まれている「アーレの樹」というフリースクールに関わっています。自分自身が学校に長く関わってきたので、良くも悪くも「職業的教員臭さ」が抜けません。ここに来る不登校の子どもたちと付き合っていると、私は「教える」ということをあたらめて見直し、「学校では当たり前だ」と思うことを、もう一度考え直さなければならないことがよくあります。

私がアーレの樹に持ち込む学習材料に、子どもたちは素直に反応します。楽しいこと、やりがいのあること、好奇心が刺激されることにはノリがよいのです。しかし、つまらないと思うと、いつのまにか、その場からいなくなってしまいます。教える側の姿勢と内容が非常に厳しく吟味されるのです。

学校は進歩し改善され。社会に合わせて変わっていきます。しかし、「普通」ということに疑問を持ったり、興味・関心の幅の広い個性的な子に対しての「寛容さ」と「ゆとり」はどんどん低下しているように思います。

第十章　学校の授業の問題とつまずき

1　縄跳びの練習がつらい

なわ跳びの季節になりました。美鈴さんは1年生ですが、なわ跳びがうまくできません。クラスの中にも2割ほどが、なわ跳びが不得意で、担任の美優（みゆ）先生も指導に悩んでいます。

冬になると、多くの学校は朝の全校運動や体育の授業で、なわ跳びに取り組みます。でも、なかなか上達しないとか、集団での長なわ跳びになると、すぐ縄にひっかかり、つらい思いをしている子どもたちがいます。

なわ跳びは、なわの長さの調節や、なわを握った手首の回し方、目線、つま先を使ったジャンプなど、いくつかのポイントを押さえて練習します。

しかし、言うほどには簡単ではありません。自転車に乗るときの練習と同じで、ある程度の根気が必要です。

みんなでする長なわ跳びは縄に入るタイミングがすべてといってもいいくらいです。でも、自信のない子は失敗するたびにどんどん落ち込みますし、みんなに励まされれば励まされるほど、逆に失敗を恐れて緊張し、練習が嫌になる子どももいるのです。

みんなの前だと緊張するので、あまり大げさに励まさずに、淡々と練習を進めていく方が、いいときもあります。

長なわ跳びは、なわを回す技術も重要です。跳べない子の動きに合わせて回してあげるのです。回すのが上手な子が交代で回すのがよいでしょう。

最近はジャンプしただけで骨折という子もいます。生活で身体を動かすことが少なく、小さいころから体が脆弱になっているからです。運動量の少ない生活は、体の機能も低下させます。

小さいころから日常的に歩く、走る、外で遊ぶというのは、子どもの体の基盤を作る必須条件なのです。なわ跳びなど様々な運動遊びは、こうした生活の中で養われた体で十分にできるようになっていくはずですが。

2　運動がにがてでもいいじゃない

小学校1年生の聡太さんは、運動が苦手です。最近は毎日運動会の練習があるので「学校なんか行きたくない」と言っています。でも頑張って学校へ行っています。

とくにかけっこでは足が遅いので「どうせ一番じゃないから、見に来なくて良いよ」と言います。でもお弁当を家族で食べることになっていますから、お母さんもおばあちゃんも行かないわけにはいきません。

運動やスポーツが得意な子どもにとっては、運動会や球技大会はこの上なく楽しいものです。しかし、不得意の子どもたちは、「早く終わってほしいよ！」「雨降って中止になってよ！」と思うものです。

足が速くなったり、球技がうまくなったりする練習やコツというのがないわけではありません。でも、誰もがそれで上達するわけではありません。

その子なりに、目の前にある「荒波」に向かうしかありません。ただ、周りの大人たちがどのような「態度」や言葉かけをするかで、子どもたちも、少しは気が楽になったり、余裕がでてきたりするのも確かです。

親である自分も運動が苦手なら、そのことを子どもに伝えればいいですし、運動会が嫌だったことを話せばいいのです。でも、最後は、「お母さんが頑張ったことをおばあちゃんもほめてくれたのよ。だから頑張ってごらん」と励ましてあげてください。

さらに、「人間は誰でも得意や不得意があるし、身体の強さや弱さなどいろいろなんだから、足が遅くてもいいんじゃないの」と、運動能力がないからとか、スポーツが不得意だからといって、人間としての値打ちが低くなるわけではないということをきちんと教える必要があります。

そして、「失敗したり、うまくいかなかったりする友だちのつらい気持ちを思いやることもできるよね」と教えることもできます。「勝って奢らず、負けて恨まず」の精神を学ぶよいチャンスだと思って下さい。

3　競争せず楽しく学ぶ

幼稚園や保育園では「ひらがな遊び」や「数遊び」で楽しく勉強できたのに、小学校に入学してしばらくすると、とたんに「勉強嫌い」になってしまう子がたくさんいます。

それには理由があって、勉強の時に競い合うことだけに注意が向いてしまうとどうしても嫌になります。

「できる子」は、できなくなることへの不安もありますし、「できない子」は自分がいつも「ダメな子」と刷り込まれてしまい「がんばろう」という気持ちが萎えてしまうからです。

勉強しなくなる子は、「どうせいくらやってもダメだ」「みんなにはついていけない」と意欲を落としてしまうのです。

残念ながら、学校は「早く、正しく回答を出すこと」を競争原理の中で強いがちなので、勝者は気分がいいのですが、敗者は劣等意識でつらくなります。

これは、「がんばりがたりない」と叱咤激励して済むものではありません。

先生も親も「ゆっくり学ぶ」ことや「じっくり考える」ことを忘れて、「早く正確に」だけを子どもに押し付けていることを反省しなくてはなりません。

「できない」「ダメじゃない」の叱咤でなく、「ゆっくりやろうね」「一緒に考えようね」という激励が勉強を進めてくれるのです。

そして、少しでもできるようになったら「よくできたね」とこまめにほめること、10分間でもがんばってとりくんだら「よくがんばったね」と認めてあげること。

小さい頃のこの繰り返しこそが一番重要なのです。

にんじんをぶらさげて走らせるような勉強は行き詰まりますし、楽しくありません。

少しでも「たのしい」「ゆかい」と思えるような勉強、そして、他人と競争をするための「がんばり」でなく、仲間と一緒に考えたり、助け合ったりする「工夫」「励まし」ができる勉強を設計・計画することが大人の役割でもあると思うのです。

4 授業の45分間1本勝負

伊織ちゃんのお母さんは、学校の入学説明会で「授業の45分間は、じっと座っていられるようにしておいてくださいね」と言われ、考え込んでしまいました。

伊織ちゃんはなかなかじっと座っていられないのです。入学するときのことを考えただけでお母さんは冷や汗が出て、心臓がばくばくしてきます。

確かに、学校の授業は、普通45分が一単位になっています。でも、低学年では、子どもたちをずっと緊張させ座らせたまま授業をしている教師はいないと思います。とりわけ入学したばかりの子どもたちをじっと座らせておくのは至難の業です。

教師にとって、子どもたちを45分間飽きないようにどうやって活動させるかはとても大きな課題です。大人でもじっと座ったまま45分間というのはかなり厳しいはずです。子どもにとって興味も関心もない中身だとしたら、それは拷問に近いものとなります。

多くの教師は先輩教員から無理強いさせないように座らせるための技を教えてもらったり、自分で工夫したりして子どもたちが授業を受けられるように努力します。

私自身、1年生を担任したときは、45分間机にじっと座らせることを当たり前として授業をしてきませんでした。身体を動かしたり、歌ったり、読み聞かせをしたりして、あの手この手でなんとか子どもたちに授業を受けてもらえるようにしてきました。

高学年でも、学習の工夫だけでなく、脱線話やだじゃれ、クイズなどをときどき授業にはさむこともあります。

子どもたちと「格闘」しながら授業に引き込むのは教員の仕事なのです。そして「授業中は先生の話をしっかり聞かないとだめですよ」と親は子どもに繰り返し言い続けて、教師を応援して欲しいと思います。

5　勉強の意外な意義

「ちっとも勉強しないのです」と悩む親御さんはとても多いですね。勉強って、現実的には「勉めて強いる」ものなのかもしれません。いつも「楽しい」というわけではありません。中には「勉強が好きだ」という子どももいます。

「できるようになると好きになる」とわかっていても、「できる」まではどうすればいいのかと悩みます。

「ちょっとでも進歩したら、ほめて、みとめてあげれば好きになっていく」ということも確かですから、これはどんな親でも、できそうです。

子どもに「先生、百点だったら百円ちょうだい」とか「前より10点よかったら、給食のおかわり優先させて」と言われたこともあります。

ご褒美をあげて頑張らせるということもできます。しかし、いつの間にかご褒美がだんだん高価になったり、エスカレートしたりするので困ります。

子どもたちが円の面積問題をやっているときに、計算が面倒になると「先生、これ、めんどくさーい」と言います。雑な計算でミスも目立ちます。

そんなときには、教師として、なんとか面白く教えられないかと工夫しつつも「勉強なんてめんどうくさいに決まっている、好きにならなくてもいいじゃないか」と思うことがあります。世の中には、面倒くさく、嫌なことでも、やらなきゃならないないことはたくさんあります。

勉強って、成績を上げることも大事なのですが、そういう「面倒だけれどやらなければいけないことが世の中にはたくさんある」ということを知る意義もあるのではないか思うのです。

私も、高校時代に聡明な同級生女子たちから「もっと勉強しなさいよ」とか「岡崎君ってほんと根気ないわね」と叱咤激励されたものです。それが、今、本当に役に立っています、たぶん。

6 ノートに丁寧に書く

6年生の紫織さんは、「ノートにもっと丁寧に字を書きなさい」と先生によく言われています。先日もお父さんに、たまたま自分のノートを見られ「こんなみみずの線のような文字を書いてはいけないよ」とお小言をもらいました。

私も授業で「ノートは丁寧にとるように」と言います。ノートをとるということは、板書されたことを書き写すだけでなく、情報を自分のものにするという積極的な意味があります。

ところが、それ以前に、子どもたちの文字や数字が乱暴なので、私にも読めないことがよくあります。そんなとき「もっと丁寧にお書きなさい」とくり返し言うのですが、「これで大丈夫、読めます」とか「自分が読めればいいんでしょ」と子どもは反論します。

確かに、自分のノートですから、自分が読めればいいし、あとで見直すとき内容が分かればそれでかまいません。

ところが、そう言い放つ子に限って「後でも読めない乱雑な文字」です。

最近は、塾や家庭学習で、「答えをはやく書くこと」が要求されているのか、計算でも答えがあってればいいとばかりに、乱暴に数字や文字を書く子が増えているように思います。

メモや走り書きも必要なときがありますが、それは「丁寧な文字」との使い分けができるということです。

極端に丁寧すぎるのも困りますが、やはり他の人にも読める、分かりやすい数字や文字を書いて欲しいのです。残念ですが、ノートに乱暴な文字を書いていると、手紙や作文、テストなどでも同じように乱暴になり、結局「読めない」ということになります。

鉛筆は、消すことのできる便利な筆記具です。が、それを使いこなし、読みやすい文字を書くには、かなりの時間と練習が必要になります。学年が上がるほど、字が乱暴になってしまうのは残念でたまりません。

7　だんらんの時を奪う大量の宿題

朝菜さんは5年生、新しい漢字をたくさん学びます。学校で使っている漢字ドリルの宿題が毎日出ます。ところが、1日ノート10ページと、信じられない量が担任の先生から言われます。「毎週、漢字テストがあるからね、それくらいやりなさい」と厳しいのです。

朝菜さんは部活を5年生からはじめたので帰りも遅くなっています。ですからどう頑張っても11時くらいまでかかってしまいます。お母さんからも「寝不足になるし、なんとかならないでしょうか？」と相談されました。

もちろんこのような宿題は私の知っている限り、同僚仲間では「非常識」か「冗談」と言われています。

子どもたちは、こうやって漢字を学ぶことで字も雑になり、いっそう嫌いになっていきます。ただでさえ漢字の学習はつらいものです。こうした懲罰的にすら受け止められる宿題は、子どもの漢字嫌いにダメ押しをします。

以前、「忘れ物一つにつき漢字百字書いていらっしゃい」という課題を出していた先生がいました。もちろんこんなことで忘れ物は減りません。これは学習課題と言うより懲罰としての漢字練習です。ますます漢字嫌いを増やします。

朝菜さんのように大量の宿題をすることで失うものもたくさんあります。家でゆっくり休んだり、食事をしたり、テレビを見たり、家族と話したり、そういう何気ない毎日の暮らしは、成長期の子どもにとってかけがえのない場所と時間です。それにかわるものはありません。

宿題には「適度な質と量」があります。家庭の様子は教員にはよくわかりませんが、一人一人宿題のやり方も意欲も違うでしょう。

宿題は教員からの要求と、子どもの力や家庭の事情とすりあわせて、臨機応変に調整すべきものなのです。

8 楽しみながら文章上達のウソ作文

作文の嫌いな子はたくさんいます。文章を書くというのはなかなかやっかいなもので、教えるのも苦労します。

学校でも、作文の時間はなかなか取れません。国語の教科書にも、作文を書く課題が、1学期に一つあれば良い方です。

「日記を書きなさい」と言う先生もいますが、日記帳に1ページ書くのも大変だという子が多いのです。最近は、小さいノートにして書く量を減らして指導することもがよくあります。

遠足や運動会の作文を書いてもらうと「遠足はとても楽しかったです」と書いて、「先生、もう書けません」と言ってくる子が少なくありません。

「楽しい」という言葉を使わずに「楽しさが伝わる書き方を考えてみよう」と話します。「にこにこ笑いました」とか「もう一度来てみたいところです」など、黒板にいろいろと「楽しさのわかる」表現の文章を書き並べながら、学習することもあります。

作文は、ある程度時間をかけ、たくさん書かないと上達しません。ですから、飽きずにおもしろく書ける作文の授業が必要になります。

昔からの作文の指導で「ウソ作文」という方法があります。遠足に行く前に、「楽しかった遠足」とか「二度と行きたくない遠足」という題で、想像力にまかせて自由に書いてみるのです。

「私たちのクラスのバスに象が乗ろうとしてたいへんでした」などとてもおもしろい作文をみんなが書いてくれました。書けたら、それをみんなの前で読んで、また楽しむのです。

もちろん、これですべてうまくいくわけではないのですが、作文の不得意な子もとっつきやすくなります。ただし、しばらくの間は、作文の時間になると「ウソでもいいですか」とねだるのにはちょっと困りましたが。

9　漢字テストは「忍耐テスト」？

「漢字の書き取りテスト」は子どもたちの前にそびえ立つ、とても学校的な「困難の壁」です。

「どうしたら書き取りテストで良い点がとれますか?」「8点未満は再テストなんですけど、なんとかクリアする方法はないですか?」と聞かれますが、それほどラクで良い方法はありません。

文字や言葉を覚えるのは「繰り返し、ていねいに読んで、書いて覚える」というのがまず基本です。

最近ブームになっている「うんこ漢字ドリル」は、うんこ満載でも、結局「繰り返し書く」という黄金の学習法則が基本です。

しかも、教える側の教師もプリントや書類はコンピューターのワープロソフトを使って書きます。また手紙はメールやSNSなどのツールを利用するので漢字を書くことが激減しました。

私はまだ手書きが好きなのですが、手書きの時に漢字を忘れてしまっていることがあります。

教室の黒板に書いているときに、ふっと漢字が分からなくなって、子どもに「この漢字ってあってるかな?」と聞いたり、「ちょっと待ってね、確認するから」と言って手元の辞書で調べたりすることもよくあります。

学校では教科書体という特殊な字体を基準にして教えていますから、ある意味「暫定的に正しいとする」と考えて教えています。

実際のテストで「はねてないよ」「いや、はねてます」などといった「攻防」がときどきあります。こうした「攻防」は漢字を学ぶ「きっかけ」にすればよいのです。「これから、しっかりはねてくださいね」という指導したあとで、「ばつ」を訂正し、「激励のさんかく」にしたことが私は何度もあります。

漢字の書き取りは国語の領域ですが、なんだか「忍耐力養成」のための試練や苦行のようでもあります。

10 苦手な算数の文章題

「算数の文章題ができないんですよ。」と3年生の明美さんのお母さんは、どう教えたらいいか困っています。

算数の文章題は小学校の学年を上がるほど苦手な子が増えていきます。計算問題なら面倒だといいながらも時間をかければなんとかできても、文章題となるととたんに意欲低下し、やる気スイッチがダウンしてしまいます。

「国語的な読む力がないのですよ」と先生によく言われることがあります。もちろん、それはそうなんですが、この読解力というのは複雑怪奇で、本さえ読んでいれば身につくというものではありません。

算数の文章題は低学年の頃から意識的にやっていかないと、問題から式を立てることがなかなかできません。低学年でたしざんを習っているときには、ドリルや練習問題で、たしざんの文章題しか出ません。かけ算のときはかけ算の文章題しか練習しないことが多いのです。

「いま、たしざんの勉強をしているから、この文章題もたしざんだな」と予測して、数字を組み合わせ、式を立て、まるをもらって満足している子どもたちも多いのです。ていねいに文章題を読んで、「合わせる」とか「増える」などという言葉を確かめながら、たしざんだなと確認することを怠っていると、加減乗除が混ざった複雑な文章題にお手上げ状態になります。

式や答えがあっているからといって、文章題が理解できているとは限りません。文章の意味することを絵や図で描いてみたり、友だちに説明してみたりすることで文章が求めているものを理解する必要があります。

言葉の意味や文章の筋道を理解するというめんどうな過程が必要なのです。はじめの一歩である低学年の文章題もあなどれません。

11　敬語と人間関係

国語で4年生に敬語を教えたことがあります。敬語それ自体がもともと難しく、子どもたちにも、分かりやすいのは丁寧語くらいです。他に謙譲語や尊敬語にも触れましたが、奥が深いというか、専門家の意見もいろいろです。

あるとき、朝の打ち合わせが終わり、職員室から、さあ教室へと向かいました。すると、2階の階段の踊り場から、私の来るのをのぞいて待っていたわんぱくたちが「わー、岡崎先生だぁ、先生がいらっしゃったぞー、いらっしゃったー、にげろー」と大騒ぎをして教室へ走り込んでいきました。

やれやれと思いながら「君たちさ、教室で静かに待っていてくれよ」というと、「先生が、なかなか来ないから、いや、いらっしゃらないので、待ってたんだよ。でも、ちゃんと昨日習った『いらっしゃった』を使ったんだよ」と言うので笑ってしまいました。

『いらっしゃった』というのは、たしかに敬語だよ。尊敬語で相手を立てて敬うときに使うと、昨日は教えたけど。「にげろー」とか、大騒ぎする状況では、あまり使わないんだよ」と、彼らに説明しました。

端から見ると、先生と子どもが「友だち」のようでも、相互の尊重があればいいのです。敬語を使っていないからといって敬愛し、尊敬していないということではありません。

また、敬語を使うときは、相手を尊重している「態度」や「姿勢」なのかどうかがまずもって問題なのだと、折に触れ教えてきたつもりです。

敬語には人間関係が如実に現れます。敬語一つを教えるにしても、とても多くの課題が教室にはあります。

私自身、子どもたちに敬語を教える大人として、それを使うに値する関係と中身をつくらなくてはならないなと自戒する毎日です。

12 すぐには始まらない水泳の授業

水泳の授業がはじまっています。最近は授業のために必要な、面倒で大切なことが多くなってきました。

ゴーグルをつけてよいかという許可願いがたくさん出ます。私は禁止する理由もないので、自己管理をしてくれればいいよと言っていました。

水中で目を開けることは安全面でも大切で、ゴーグルを使って目が開けられるならそれにこしたことはないと思います。ただ、「ゴーグルのベルトがはずれました、直してください」と来る子どもがたくさんいると、その修理と調整で授業どころではありません。

また、塩素殺菌の薬が目にきついというアレルギー体質の子どももいます。実際は殺菌のための塩素は飲料水と同じ濃度で十分なのですが、炎天下だと日光の影響で塩素濃度が下がり気味になり、調節が難しいのです。

さらに、日焼けが良くないという子どもも多く、薄いシャツやラッシュガードなどを使わせて欲しいという子どもたちも増えています。

授業前には健康チェックをしなければいけないので、水泳カードを集め、検温結果などの記入を点検し、参加できる子どもたちと見学するこどもたちに分けます。

「先生、体温を測るのを忘れた。けど、ぼくは元気なんだ、プールに入りたいよお」と泣きつく子どももいます。しょうがないなあと言いながら、「今日だけだよ」と、保健室で体温計を借りて検温して、授業に参加してもらいます。もちろん、保護者にも「検温してプールに入れます」と連絡しなければなりません。

授業でプールに入るまでに、とてもたくさんのハードルがあって、大変なのですが、低学年などは、終わった後もパンツや靴下が教室のすみに落ちていたりして、また一苦労なのです。

13　静かな授業ならいいのか？

「子どもを静かにさせるにはどうしたらいいでしょうか？」と若い先生に聞かれたのですが、「いやいや、子どもはやかましくていいんじゃないの？」と言うと、「もういいです」とムッとされてしまいました。

若いころ、「静かにしなさい！」と子どもたちを叱っていると、年配の女性の先生が「岡崎さん、子どもはね、やかましいくらいでいいのよ。静かだと困るでしょ、意見も言わない、冗談も言わない、さわがしくっていいじゃない」と言うので、「なるほど」とちょっと驚いたことがあります。その深い意味に思いが至らなかったのですが。

確かに、静かなら授業も進み、こちらの言うことも滞りなく話せるのですが、「伝わっているか」ということとは別です。子どもたちはどんなふうに感じているのでしょうか？

「やかましい」というのは、おそらく元気で活発でエネルギーがあるとまず思うべきです。

教員とっては、やかましいのはたしかに大変でやっかいなことです。でも、厳しく叱れば、一時的に静かになるのですが、しばらくするとまた騒がしくなり、前より大きな声で叱ることになってしまい、果てしなく疲れます。

厳しい先生の前では、静かにしていますが、話を意外と聞いていないことも多いのです。先生の中には、話すのに夢中で、子どもの顔や表情を見ていないということもあります。そんなときはちょっと休憩したり、冗談やおもしろい話を入れたりする必要があります。緩急のないダラダラ話はまず聞いていません。

「うるさい子どもをどうするか?」より「静かでおとなしすぎる子どもをどうするか?」の方が難しいのです。私は静かな子どもの前では、どうも落ち着かないのです。

第十一章　先生問題の深い悩み

1　言葉遣いがきつい先生

2年生の葵さんのお母さんから、担任の先生について相談されました。

担任の先生の言葉遣いが乱暴で、葵さんは怖いというのです。中堅の男先生で、授業や指導力についての不満はないというのですが、葵さんが怖がって、ときどき学校へも行き渋ることもあり、心配だというのです。

私自身もそれほど「やさしい」ほうではないかもしれませんので偉そうなコトは言えませんが、子どもによっては、先生の言葉がきつすぎて、自分に対して発せられているわけでもないのに、怖がったり、気分を悪くしてしまい、泣き出してしまう子どもがいることは確かです。

そのことを先生に伝えると言っても、なかなか難しいものがありますね。私自身も家庭訪問のときに自分の名古屋弁が乱暴な言い方だと指摘されたこともあります。

ただ冗談っぽくてもかまわないので、「先生が叱るとき、うちの子どもはふるえ上がっていますよ。すっごく怖いって言ってます」くらいは、言えるといいと思います。直接、言いにくければ、手紙でもいいですし、知っている先生や友だちの親に「それとなく話す」ことで、先生の耳に伝わることもあるかもしれません。

吐き捨て、投げつけるような言葉は感心しませんが、先生の方も、元気すぎる子どもが多かったり、ちょっと荒れ気味の学校だと、のんびり叱っていられない場合もあります。また、先生の性格や気質、習慣で、厳しく大声になることもよくあります。

敏感な子どもにはちょっと大変かもしれませんが、おそらく成長するにしたがって耐性もできるはずです。どちらかというと、学校では、かなり大声で真剣に叱っても、どこ吹く風の子どもたちの方が多いものなのです。

2　授業がヘタなら先生だって勉強

先日、小学校で教員の仕事をしている健人先生と話したときのことです。保護者であるお母さんから「先生の授業がヘタで、ウチの子どもは、算数が分からない」と言われたというのです。

いきなり「先生の授業が下手」と言い切るお母さんもおもしろい人だなと思いますが、健人先生は困って、どうしたらいいんでしょう？　と聞くのです。

それは簡単で、「授業の腕を上げることだね」と身も蓋もなく言いました。もちろん、彼なりに努力をしているのですが、どうもまだ自信がないようです。指導用のマニュアル本をたくさん買い、いろいろな方法でやってみるようなのですが、どうもはかばかしくないと言うのです。

「要するに君の授業はおもしろくないんじゃないの？」と言うと、うなずいています。もちろん、いつも楽しい授業をするのは無理かもしれませんが、子どもたちに「楽しい」と言ってもらえる授業を1日に一度くらいは提供してみたらとアドバイスしました。

教員が授業の腕を上げるというのは並大抵でありません。いきなり、若くて経験も少ないのに担任を持ち、毎日5時間から6時間の授業をするのですから大変です。しかし子どもは、そのことに関係ありません。

絵本や物語を読み聞かせたり、実験やものづくりをやってみたり、楽しいゲームを一緒にやるのです。1日に楽しい授業が少しでもあれば、子どものやる気も出るし、活動も充実します。それから、できるだけ他の先生の授業を見せてもらって、使える手法、使えない手法、あるいは、使わない方がいい手法などを学ぶのです。

教員には一種の徒弟制度的な部分があると思います。一緒に仕事をしながら学ぶというのは、どんな職業でも同じです。子どもだけでなく教員だって、いくつになっても勉強です。

3　教師の目線を問い直す

教師はどうしたら子どもたちの声を受け止められるか、考えます。私は40年近く小学校で教師をしていますが、学年が上がるほど子どもとの対話はむつかしくなります。

低学年や、幼い子どもには、教師の側に話しやすい雰囲気とやさしい態度が必要です。いつも怒っていたり、怖い顔をしている先生では、なかなか素直に話しかけられません。

高学年では、日ごろ、よくおしゃべりする子も、微妙な友だち関係や、家庭の悩みなど、相談したいことをそんなに簡単に教師に話せるものではありません。

自分自身を振り返り、内省する子ほど会話は重く慎重になります。また、自己表現の苦手な子は、思っていることや考えていることがなかなか伝えられず、つらいこともあります。

子どもたちには、自分の悩みを相談して解決することがいかに大切かということや、友だちや教師の力を借りることは恥ずかしがることはないと、折に触れ、教室で全員に話しておく必要があります。

相談された内容は、場合によっては親にも安易に知らせるべきではありません。さらに、子どもの人権や個人の尊厳を守り、子どもの立場に立って一緒に考えるつもりだと、日常的にみんなに話しておかなければなりません。

さらに、悪いことをしてしまったとしても、誠意ある反省があれば、いくらでも立ち直れることも、しっかりと伝えなければなりません。

教師に必要なのは「謙虚な態度」なのです。自分を含めだれでも「失敗や反省」をくり返し、つまづきながら一人前になるということを子どもたちに語ることです。上から目線の説教は、子どもたちからの共感は得られません。

4　教員の疲労　心身に負担、休職増える

「9月になっても学校に行けるかどうかが心配で…」と知り合いの信彦先生から聴きました。それは子どもではなく、同僚の先生のようです。

教員がたくさん病気で休職したり、退職したりしています。普通のように見えても、薬を飲みながらなんとか仕事をしている人も多くいます。

身体と心の両方が、「疲労」してしまって、なかなか元気に子どもの前に立てなくなっている先生が増えてきました。学期の途中で担任が交代することも珍しくありません。

原因には色々ありますが、信彦先生の同僚の場合はどうも担任している5年生の学級の荒れが原因のようです。「やさしすぎるからダメなんだ、なめられたらダメだぞ」と先輩教員から指摘され、怒鳴りつけたりして厳しくしたのですが、逆に学級がどんどんすさんだ感じになり、コミュニケーションが成立しなくなってきたと言います。

学校としては、やりくりして複数の教員を配置したり、問題だと思われる子どもに特別に指導をしたりしますが、改善されないことも多いのです。

保護者が協力的ならまだしも、担任への不信感が増すと、さらに荒れます。

新しい学期に入ると、子どもの不登校が増えることが大きな問題になっていますが、先生の方も、精神的な疾患で、勤務ができない状態になることがあります。

子どもからある程度の尊敬や敬意を払ってもらえるようになるためには「厳しく力に訴える」だけでは無理なのです。体罰ではないにしろ、大きな声で叱りつけてばかりでは、子どもだけでなく、先生も疲れていきます。

問題が起きたときは、ケースバイケースでリスクの少ない対処療法しかないのですが、そのときこそ、日ごろの学校のチームの質が問われるのです。

5　職員室でのハラスメント

学校での同僚からのセクハラ、パワハラというようれしくない訴えをいくつか受けます。本人と直接話すこともあれば、親類縁者からの相談もあります。

深刻なものはもちろんですが、他愛もないと思われるものでも、本人はかなりまいっているので、軽視することはできません。

ときどき、パワハラの加害者と思われる人が「ちょっとしたことなのに」とか「そんなたいしたことないのに」などと反論したり、愚痴ったりするのを聞きます。しかし、多くは、加害者側や周囲が鈍感なだけなのです。

しかも、「集団免責」といって、みんなでハラスメントすることで、その間違いや責任をきちんと認めようとしない人たちもめだちます。

こういうとき信頼のおける第三者か、公平な立場に立てる有能な管理職が指導し、指導後の経過もきちんとフォローすればよいのですが、自分自身がパワハラやセクハラに鈍感で、だれにもとがめられてこなかった管理職だと問題がさらに拡大してしまいます。

「悪意はないし、仕事も有能なんだから、多少のことはいいじゃないか」と加害者を擁護する管理職もいますが、これが大きな間違いなのです。パワハラやセクハラに鈍感な先生は、子どもにも鈍感なことが多く、「わたしは有能でちゃんとやれてます」という過剰な全能感が強すぎて困ります。

パワハラやセクハラに鈍感だと、職場の人権意識は低下しますし、子ども相手の仕事では、取り返しのつかないトラブルや事件が起きます。

被害を受けた側も声を上げて訴える努力はもちろん必要ですが、相手が沈黙していることをいいことに自省のかけた態度しかとれない先生も残念すぎます。いつだって子どもたちは私たち大人を見ながら育っていくのですから。

6　教師の多忙を呼び込む新学習指導要領

２０１７年の12月に政府の中央教育審議会が答申を出しました。この答申にしたがって、春には新しい学習指導要領が作られます。しばらく準備・移行期間があり、教科書なども変わり、本格的に実施されるのは小学校の場合ですと2020年になる予定です。

英語教育の充実や、一斉指導だけでなく、個々人やグループが活動的に学習する方法が提起され、「未来社会に活躍できる大人になるための学習」をさせようという文科省の計画です。

今まで「ゆとり教育」だの、「学力低下」だのいろいろと教育論議が世間を騒がせてきましたが、子どもたちや保護者にしてみれば、ほぼ10年ごとに改訂されるこの学習指導要領は、あまりぴんとこないかもしれません。

教師の方は、この新学習指導要領のためのいろいろな研修や準備がこれからありますので、今まで以上に忙しくなることははっきりしています。

あまり語られませんが、教師が忙しくなると、必ず子どもも忙しくなると私は思います。良いことだからと、たくさん詰め込んでいくと、子どもによっては、消化不良を起こし、心が病気になってしまったりする子も出てきます。

学校に行きづらい子どもたちも増えていくでしょうし、いじめ問題もさらに増えるのではないかと気になります。

私は、公教育の学校は教科の勉強をするところであると同時に、生活する場であると思っています。小学生で言えば、友達と遊んだり、係や当番の活動をしたり、イベントを企画したり、そんな身体全体でエネルギッシュに動き回るようなことも成長には欠くことのできないものだと思います。「勉強」より大切なものがたくさんあります。

「先生が笑っていると、なんかうれしいよね」と言われたことがあります。大人が余裕を持って子どもとつきあうことがいま一番必要な気がしています。

7　無駄でない時間　勉強や学校以外の話題を

「最近、子どもたちとあまり雑談というものをしなくなったね」と仲間の教員が言います。確かに、勉強や学校の話題の他に、子どもに話しかける時間も余裕もありません。「子どもたちも、私たちが忙しいから、遠慮してるのかなあ」と職員室で話す先生もいます。

「忙しい」というのは、子どもと先生の乖離を生みます。「そこをなんとか工夫して」と言われても、忙しさも限界にきているような気がします。

「先生が忙しい」というのはただ勤務時間が長時間にわたり、健康を害したり授業の準備ができなかったり、自主的な研修時間が不足したりするだけではありません。勤務の時間の中で、肝心の子どもたちとの交流や共有する時間が形式的になったり、薄くなっていくということです。

放課後や休み時間に子どもたちと、先生というより、一人の身近な大人として話ができるといいなあと想います。「先生の好きなタレントはだれですか？」とか、「先生はプリキュア見てますか？」

なんていう他愛もない話が子どもたちとできるようになっていなければ教室は気の休まる居場所にはなかなかならないような気がします。

たとえ直接話しかけてこない子でも、友だちが先生と話しているのを離れて聞きながら笑ったり、じっと話の内容に耳を傾けたりしているのです。

政府提案の「働き方改革」や、新しい学習指導要領には、威勢のいいスローガンがならんでいます。しかし、結果や成果だけを重んじる社会や、「教育効果」だけを強調する学校改革のなかでは、試行錯誤の「間」とか「回り道」「道草」という、「無駄でない無駄な時間」が失われていきます。ミヒャエルエンデの『モモ』に人間らしさを失わせる「時間どろぼう」が登場します。私たちも現代の「時間どろぼう」と向き合い、闘わなくてはなりません。

おわりに

隔週に700字足らずといえどもコラムを書くことができるのは、自分自身が子どもと関わりながら毎日過ごし、悩んでいるからです。定年退職後も非常勤講師として午前中子どもたちの前に立ち、授業をしています。教師の労働条件が暗黒であるということが、最近やっと世間に浸透してきましたが、その解決策はいまだになく、政府の政策も遅々としています…というより「無策」に近いのです。

学校現場も家庭も地域も忙しすぎ、目の前のことだけに右往左往して、子どもと一緒に居る時間も少なく、お互いに暮らしの中で対話をするということが全くできなくなっているように思えます。私たちは子どもたちをじっくりと見つめることなく、思考停止に陥っている感もあります。「無駄の大事さ」を忘れたかのようです。

エンデの『モモ』（岩波書店）に出てくる時間泥棒は、現代の合理主義の批判としても読めますが、便利さを追求することによって失ったもの、「無駄」に見える貴重なもの、例えば「対話」を失ったことも教えてくれます。子どもから「無駄」の大切さを学びたいと思うのです。

私は今もいくつかの連載・原稿を書きながら、おしゃべりに出かけたり、大人から子どもまでの相談にのったり、子育て・教育の本を編集したりしています。それらはおもしろいからできるのです。興味や知的好奇心があるからできるのです。ま、子どもと同じですね。おもしろいことや楽しいことには集中力が発揮できます。私自身が、小さな頃から父や母、妹の手をわずらわせ、近所の人たちにも迷惑をかけ、先生に面倒をかけながら、いたずらをたくらんで「元気に生きてきた」と思います。

本書では、困った子どもたちのことを考えながら、この子は自分自身だな！と思うことも少なくありません。ですから、本書は「ワケわからん子どもたちへのエール」でもあるのです。

親や教師の「過剰な愛情やお節介な教育愛に負けないで、生きようぜ！」と子どもたちに声をかけるつもりで書いています。どうぞ、「ご賞味」ください。

さて、最後になりましたが、多くの仲間に勇気づけられて本書はできています。中日新聞生活部の河郷丈史さんはじめ連載を担当してくれた歴代編集部のみなさんに感謝いたします。面倒な原稿を見てくださってありがとうございました。

長年の研究会仲間である土井俊介さん、山本芳幹さん、これからも夜な夜な集まりましょう。また、伊藤育雄さんはじめ、教育実践グループの「一日おもしろ学校ごっこ職員室」の仲間たちには、常に前向きで明るく元気の出る場所を提供してもらいました、お礼申し上げます。

そして、本書を企画編集してくださった批評社のスタッフのみなさん、コラムに目を留めてくださり、本に創りあげてくださったこと、本当にありがとうございます。

最後に、「ジイジは本当に先生なの？　大丈夫？」といつも厳しく指導・心配してくれた真帆と航希、そして葵、三人の孫たちにも感謝します。さらに、元気に歩き回っている母・幸子（86歳）の「今週もコラム読んだよ。なかなかよかった」という声にも励まされました、感謝です。

「子どもは希望である」という言葉がもっともっと確信を持って実感できる時代と社会をつくる責任を私たちは重く受けとめていかなければと思います。

二〇一九年三月三日

岡崎　勝

著者略歴

岡崎　勝（おかざき・まさる）

1952年11月3日名古屋市港区生まれ。現在66歳。

愛知教育大学保健体育科卒業。名古屋市で小学校教員を続け定年退職。

現在名古屋市小学校非常勤講師。フリースクールや不登校に関わり学校の内と外で活動する。学校ブック『おそい・はやい・ひくい・たかい』（ジャパンマシニスト社）編集人。

著作

『ガラスの玉ねぎ：小学校一年学級通信』『きみ、ひとを育む教師ならば』『学校目線。』『「平成」の子育ては、なぜ難しかったのか。』『親子で読む！東京オリンピック！ただしアンチ』『発達障害　学校で困った子？』（以上、ジャパンマシニスト社）、『学校再発見！：子どもの生活の場をつくる』（岩波書店）、『友だちってなんだろう』（日本評論社）、『センセイは見た！　教育改革の正体』（青土社）、『MHL9 学校の崩壊』（共著、批評社）、他。

子どもってワケわからん！

2019年3月25日　初版第1刷発行

著者……岡崎 勝

装幀……臼井新太郎

発行所……批評社

〒113-0033　東京都文京区本郷1-28-36　鳳明ビル201

電話……03-3813-6344　　fax.……03-3813-8990

郵便振替……00180-2-84363

Eメール……book@hihyosya.co.jp

ホームページ……http://hihyosya.co.jp

・印刷……㈱文昇堂＋東光印刷

・製本……鶴亀製本株式会社

乱丁本・落丁本は小社宛お送り下さい。送料小社負担にて、至急お取り替えいたします。

ISBN978-4-8265-0695-3 C0037